绽放的山茶花

刘智慧 主编

人民日报出版社

图书在版编目（ＣＩＰ）数据

绽放的山茶花 / 刘智慧主编. —— 北京：人民日报出版社，2019.1
ISBN 978-7-5115-5787-2

Ⅰ.①绽… Ⅱ.①刘… Ⅲ.①传记文学—作品集—中国—当代 Ⅳ.①I25

中国版本图书馆CIP数据核字(2019)第001875号

书　　名：	绽放的山茶花
主　　编：	刘智慧
出 版 人：	董　伟
责任编辑：	袁兆英
封面设计：	邢海燕
出版发行：	人民日报出版社
社　　址：	北京金台西路2号
邮政编码：	100733
发行热线：	（010）65369509　65369527　65369846　65363528
邮购热线：	（010）65369530　65363527
编辑热线：	（010）65363105
网　　址：	www.peopledailypress.com
经　　销：	新华书店
印　　刷：	炫彩（天津）印刷有限责任公司
开　　本：	880mm×1230mm　1/32
字　　数：	116千字
印　　张：	6
印　　次：	2019年4月第1版　2019年4月第1次印刷
书　　号：	ISBN 978-7-5115-5787-2
定　　价：	52.00元

目 录
CONTENTS

序:绽放,为了更美好 /001

凤凰浴火,涅槃重生 /018

于爱字中见真情 /032

永远跑在自己的前面 /052

睿智地彰显"女性力量" /086

放弃世界名校博士Offer,90后学霸女蜕变为女企业家 /104

见"薇"知著,从容前行 /125

俗人眼中的"剩女",过着"胜女"的生活 /146

上善若水,活出生命的精彩 /163

后 记 /181

序
绽放，为了更美好

卡枚连创始人　范玥婷

2018年1月9日，由卡枚连官方主办的首届上海国际舞会暨国际领袖论坛在上海外滩华尔道夫酒店圆满落幕。活动邀请了英国前首相戴维·威廉·唐纳德·卡梅伦（David William Donald Cameron）、西班牙前外经贸局局长Angel Prieto、匈牙利驻上海总领事馆Bolla Szilard 博岚、法国驻上海总领事Mr. Axel CRUAU、荣文蔚、沈东军、谢玲玲、黄舒骏、顾佳斌、胡润、陈光标、陈凛、徐峰立等众多政商名流以及百余位各界精英人士，整场活动贯穿传播女性正能量。本书便是在这样一个活动背景下，记录了前来参与舞会的诸位"她领袖"的精彩生命故事，分享那些光环背后的心路历程：

上海藏美健康管理咨询有限公司董事长曹维："这个社会

上有很多需要帮助的人,我希望在此呼吁大家一起来关爱自闭症儿童,让爱传播出去";

三少集团董事左伊玄:"要先从爱自己开始,才会有更多的能量去爱周边的人,先让自己变强大,才有能力帮助更多的人";

莱蒙商旅集团董事长彭玲:"莱蒙生命之光慈善基金,从12年走到现在,一路走来获得过很多成功人士的支持,帮助了很多人,希望以后我们能将这份感恩和善心延续下去";

中国儿童影业有限公司董事长崔月仙:"习近平总书记在十九大报告中指出到2020年中国农村贫困人口实现脱贫,这对我们中华儿女来说,有一份更重的责任和更深的幸福感";

上海烨之昂印务有限公司董事长顾薇薇:"我希望社会上的女性一定要先把爱给自己,然后传承下去";

香河华鑫集团董事长胡琇珺:"身为一个女性,在经营家庭与企业的同时,应该要找一个能让自己由内而外绽放的舞台";

羲昙美学空间创始人边咪咪:"我希望我们每个人都能找到自己的爱,有父母的爱,有子女的爱,更好的爱自己也能更好地爱他人";

上海南睦林生物科技董事长张翔:"我们要在来得及的时

候拥抱身边的人"。

　　出版这本书,是我一直以来的心愿。我一直认为,中国的职业女性有许多不为人知的坚韧。在这个时代,女性走出了家庭,走上了社会,虽然并不完美,却有很多动人的故事每天都在上演。真正的自爱是在走出低谷后对自己的认可。在打造上海国际舞会这个平台的时候,我就深信,这十位"她领袖"的故事,一定会打动很多人。

　　整个舞会举办的过程中,我无数次地被感动落泪。大家也由陌生人变成了贴心的姐妹,都是从谷底走向阳光,每个人都不容易,在光鲜亮丽的外表下,有太多美好的品质值得我们学习。我想这就是女人的魅力所在,女人的成就并不是建立在钢铁般强大的力量上,而是一种慈悲和柔软。

　　在上海国际舞会现场,我问英国前首相戴维·威廉·唐纳德·卡梅伦如何看待女性创业?他说他的妻子也是个很成功的女性,他非常支持她创业,女性创业对社会很重要。他也认为中国的女性非常优秀,怎么绽放都不为过。他的发言让全场掌声雷动。我想这样的赞美,值得送给每个创业中的女性,正因为我们在这条布满荆棘的路上奋斗,所以我们更要相信自己,爱自己,接纳不完美的自己,接受赞美。

　　因此,我决定把她们的故事记录下来,分享给更多的人。

绽放的山茶花

那些发生在我们身边真实的挫折，恰恰是生命里最有意义的地方，当你战胜了它，不再惧怕，它们就会成为你前进的阶梯，带着你实现梦想。从我们的"她领袖"开始，给自己一个舞台，告诉世界：我可以，你也一样。

"素富贵，行乎富贵。素患难，行乎患难，皆是不器，此惟养得心体者得能之。"这段出自《中庸》曾被王阳明引用的典故：意思是身处富贵，就做富贵时能做的事，身处患难，就做患难时应该做的事，都属于不器，这些只有心体修行到位的人才可以做到。

刚刚开始做这个平台的时候，我也陷入过迷茫，身在其中的我们到底能不能保持初心？我这样扪心自问。

是什么让财富变成婚姻的坟墓？

这个答案，我在自己的婚姻中找到了答案。在十几年的婚姻生活里，我和先生的关系可谓是如同在冰上行走，各种观念上的不合，让我们一直处于竞争状态中。直到今年的年初，我们一起去新加坡上课，导师命令我们必须分居，那一次的分离才让我真正地看清问题在哪里。

当我开始正视自己的内心，才发现它没有丝毫的力量，而是完全依靠外在的名声、财富、地位，来获得一点点的自信。这样的我，不论得到多少物质，都没有办法满足，并体验到幸福。因为是我自己把幸福的权利丢给了外面的世界。

这也正是很多人事业有成后，并不能和伴侣和谐相处的原因，在内心深处，我们依然保留着匮乏的感觉，不能和外在世界同时丰盛。

当然，并不是所有有钱人都会失去平衡，也有很多人各方面平衡的很好，很多人非常的优秀，并且低调，很多人慈悲且宽容。他们都有一个共同的特点——找到了自己的价值。也许是在工作中，也许是在生活细节里，一定发生一些事让他们产生顿悟，达到身心合一的境界，这些人无论在哪个领域，都是堪为人师的。

我们策划《绽放的山茶花》一书的初衷，透过8个"她领袖"的真实呈现，给大家展示超越自我的案例，这只是很小的一步，却是我们能够为这个时代做的一件大事。我们的国家日益强大，人们的生活越来越富足，我们炫出来的，不是有钱人的富，而是内心的富，这份富足在每个人的心中都有，她们可以做到的，你也一定可以做到。我真诚地希望此书能够被更多人传播、分享。

二

刚刚开始做平台的时候,我的心就迷失了,那段时间我常常想要放弃,平均每天要有几十个念头在说"不要做了""这个不是我要的",但是又有一丝放不下,因为渴望那种名利场的关注力,反而把自己束缚住了。明明自己的初心是要帮助有钱人获得价值感,让他们去影响和帮助更多人,但是做起来完全不是那么回事,别说影响他们了,我自己都被那种物质的美好所影响,产生了竞争和攀比之心。

幸运的是,我们也遇到了一些很好的客人,她们善良、包容,不断的鼓励我们坚持下去。由于我们首个发起的活动是慈善,也确实收到很多被帮助的人的感谢,这些善意的温暖,让我坚持下去。我扪心自问:你做这些是在追求自我荣耀吗?

答案是:不是,我认为生命是一场修行。

既然老天让我走到这里,一定不是为了让我失去自我,我要去寻找那个真相,找到自己的心。

不断地做,不断的清理自己的心,每次感到自己迷失了,就离开几天去静心,等到平和了再回来继续工作。终于在第三年的时候,一个很重要的转折发生了:一个客人带我认识了巨星吴京,那天大家一起聊天喝茶,天南地北,我很认真地感受着那个当下,发现心里没有之前那种看到明星就激动、羡慕的感觉,而是有一种平和、心安,我觉得自己和他并没有什么不同。那一刻,我终于做到了平常心看世界,在那之后再遇到明星大腕,甚至是英国前首相卡梅伦,也能直接上前对话,而不是心乱如麻。

不断地在名利圈历练,终于看破了名声带来的优越感。接着再做活动,就不再追求那种高人一等的感觉,反而可以更好地做到服务,让每个来宾舒服自在。其实有钱人和普通人也没有什么区别,他们也有自己的苦恼,一般人只要承担自己的生活责任,而他们要承担很多个家庭的责任,那么谁来为他们负责呢?

确实,有钱可以让我们过上优渥的生活,但是这只是起点,并非终点,当一个人越来越多地体验到生活的富足,内心世界也要跟上。有人说真正的贵族要经历三代。确实,在父辈耕耘之后,后辈才拥有那种丰盛的内心气度,他们并没有经历匮乏和打拼的磨难,却享受富足的生活,对人对事都会回归到一份平和。而中国的企业家大多是富一代、创一代,就算是有富二代出现,也只是开始不久,所以言行举止上,

绽放的山茶花

自然还会有不得体的地方,这只是一个时间的问题,并不是素质的缺失。等到他们的孩子长大,也会拥有包容的心和谦和的态度。甚至我们的后代会做得更好,因为五千年的传统文化智慧传承,会让我们一旦苏醒,便势不可挡。

一个人必须先充分地进行自我实现,才能利益众生,帮助更多人。我们在红尘中的人,许多人内心还有很多追求没有实现,不一定是金钱上的,也有感情上的,许多人在苦苦寻找伴侣,许多人对亲情渴望,当这些追求千丝万缕的挂在我们心头,想要通过遁世求清净解脱是不能够的。

正确地看待自己的欲望,合理的规划人生的梦想,是这个时代的人需要学习的素养。可以言利,但不能迷失在其中,要做到这个境界,不是动动嘴皮就可以实现,要不断地深入现实世界,看清自己的心到底要什么,就不会因为物质熏心而迷失自我,也就可以自然超越世俗的诱惑和烦恼了。

在2018年清明的时候,我回到了老家江西,拜祭了祖坟,看着墓志铭上太奶太爷辉煌的曾经,感叹富贵不过一场浮云,生不带来,死不带走,那么拼命奋斗到最后图的是什么呢?是我被其他富人认可了,还是我有100个爱马仕包包?这些东西可以刻在墓碑上传给后人吗?

我感到很惭愧,我居然舍弃内心最重要的东西,去追求外在的认同，一个人是否有价值，从来都不是自己可以定义的，你的后人如何看待你，取决于你给社会带来了多少贡献，这些付出又让你的后人承受了怎样的恩泽。这才是我们可以传承下去的财宝。当百年之后，后人说起你，是骄傲自豪，还是感叹时过境迁？最好的能够遗传给孩子的，就是我们在基因中、血液里的那份价值感。一种对自我的肯定，一种无愧于来世界走一遭的豪气。

要做一个对社会有贡献的人，付出的方法有一万种，有人亲力亲为，有人循循善诱，各行各业都有它存在的道理和钱本身并没有好坏，就跟人一样，关键在于怎么引导，如何传播。

三

在决定要做上海国际舞会的时候，我们选拔了很多的成功女性，她们的生活都很富足优渥，但却不是每个人都适合这个舞台，许多女性在谈的过程中退却了，她们一方面对于舞台非常向往，一方面又有很多顾忌担忧，家人会如何看待自己？世人会如何看待自己？最重要的是，自己有没有资格作为表率站在台前？

绽放的山茶花

一直到最后两周,我们还是没有找到10个人,直到"她领袖"MIUMIU丁琴的出现,她自信大方,曾在中欧EMBA戈壁挑战赛上获得女子组冠军,至今没有人破她的记录,她来报名的时候,正是她最胖的时候,而且众多"她领袖"中,她的舞蹈功底为零。她只是犹豫一会,马上就确认参加了。这份魄力让我记忆犹新。

所有"她领袖"选拔尘埃落定,我们总结了一下,全部都是事业有成的女性。这让我有些感到美中不足,初衷是希望选出各行各业的女性代表,而其中最有价值的代表——家庭女性,没有一个出来。并不是没有家庭妇女来咨询过,但是她们担心自己做的事很渺小,不能够传播正念。哪怕自身家庭背景都已经很惊人,还是过不了自己心理的那一关。我发现很多中国的女性都有这个特点,总是觉得自己做得还不够,就算已经具有十八般武艺,还是内心惶恐,有些甚至出来学习都不敢发个朋友圈,生怕会被人诟病。

我从小最敬佩的人就是我的母亲,她的事业做得也不强,但是她教会我人生最重要的真善美。虽然我从自身的婚姻例子中,也经历了很多坎坷,才认同了这种真善美是最重要的东西。认清自己是一个过程,而我们有幸醒过来的,更有义务去提醒更多人觉醒。我认为一个现代女性,最重要的不是比事业的高下，这样并不能让我们找到内心的价值感。我的天赋是外向，我可以很好地从事一份事业，而你的天赋是细腻，做出来的糕点饭菜都有爱的味道，每个位置的人做的事情不同，却都是黄金般璀璨的人生，为何不能作为表率呢？

我们之所以那么在乎名声，关键还是心里那个"自卑"在作祟。认识了那么多的女性，我一直认为，自信与财富无关，内心的缺失是比科技发展更需要有人去关注。因为信心，是没有办法通过外在财富累积而产生的，而必须从生活里去历练，当好一个家庭妇女和当一个事业女性面对的挑战是一样的，都有社会眼光的批判，都有一定的难度。这时候能不能回归内在去修心，就变得非常的重要了。

我自己站上舞台的过程也是战战兢兢的，开始的时候非常在意别人的眼光，要上台前一天紧张的整夜睡不了觉，但正是这种恐惧，让我站上台后对自己非常的满意，觉得自己做得了原本不可能的事情，越来越自信，越来越喜欢上台。越是恐惧、抗拒的地方，越要去做，战胜它就可以获得自信，这是我长久以来对付自己的"小我"的办法，可以说能把这个平台坚持做下来，本身对我就是一种修炼，不断地在抗拒和逃避中选择前进，直到认清自己的心，找到正确的核心价值观。

这个过程中,也有很多企业家做出了自己的表率,深深地影响了我,马云就是其中翘楚,不是说他的成就让我羡慕,而是他坚定的信心:在开始创业的时候,很多人都说他是骗子,当他做出一定的规模,更多人攻击他,觉得他抢了商场的饭碗,这种攻击不是一般的人可以承受的。而他最终做到的是什么呢?刺激整个市场发展到更高的层次,没有中间商,每个人都可以做生意,最终他带来的利大于那些少部分人的损失。

如果他不能坚定自己的心,遇到别人说闲话就退缩,也就没有现在的光芒了。我们现在看到他到处在演讲,十分风光,他的这份心被所有人接受,让很多人受益,事实是他一开始就是这样的发心,从很多录影里可以看出他是始终如一的,而这同样的心,在成就前后人们的接受态度是截然不同的。所以要做好一件事,没有办法靠别人的肯定来坚定自己的信心,而是自己必须内在要有足够的自信,才能坚持到成果显现,发心为人所知。

我们渴望圣人的智慧和光辉,却不去看圣人成就自我的过程,这样是行不通的。没有经历过色彩的白纸,就只是白纸,没有去考虑别人,而是一心在自己的纠结上,这样的心,就像是蒙尘的镜子,没有办法映照出他人和自己,找不到生存于世的意义，只是依靠大师们的灌顶，是行不通的。

每个人的成长道路上只有经历磨难，才能让心灵纯净通透，每个人的经历都是独一无二的，关键在于，你有没有把困境当作是机会。所有选择站在台前的"她领袖"们，她们的共同点就是，都战胜过极大的困难，甚至是生死的考验。有人曾患乳腺癌，有人遭遇过大火的考验，而超越这种磨难的过程让她们的心更加的坚定自信。并不是说，每个人都要经历生死才能成就自己，而是指，如果我们那么在意他人的眼光，连自己内心的自卑都无法战胜，那自然是没有办法获得自信的。

事实是我们每做一件事，都会有不同的声音产生，通过看到自己的问题，才能修行自己，走出这些陷阱。

最难战胜的敌人，就是自己。

四

我们今天用功，就是为了让善心真切，心真切了，见善就会向往，有过就会改正，如果只是寻求表面的情况，着重形式上的效果，这样反而助长了外求的弊端，不是真切的功夫了。有人和我说：做好事为什么一定要宣传呢？默默地付出不是很好嘛？本来不图什么，一宣传做事就好像是为了出名一样，偏离了自己的本心。

在互联网的时代里，你如果做一件事，不博眼球，就没人理你。网红为什么会赚几个亿？因为她们敢秀，但是她们全部都是正能量吗？未必。网络上有一万个人在博眼球，真正做好事的那个人，能被映照出来吗？未必。用的虽然是博眼球的方法，但只要发心纯粹，方法是可以调整和改变的。

我自己在做平台的时候，一边在繁华世界里游走，一边致力于心理学课程的传播，三年来开了很多课程，自己也下去讲学，初心是想影响高端人士，让他们在生活富足的同时，也能够取得内心的富足、快乐，从而影响更多的人。这个过程非常坎坷。让他们买东西、旅游很简单，让他们花几天时间静心听课，寻找内在的答案，是很难的。很多人报名后，好久不来上一次课，导致我们一度陷入困难中。

在我们感叹世风日下的同时，有没有想过人家可以展示自己，你为何不为正能量发声呢？与其让媒体围绕着八卦转，花点时间，让他们关注正能量，是值得投入时间和精力去坚持的一件大事。

心正的人，在山中就是修行者，在战场上就是煞神，见人说人话，见鬼用鬼招，这正是变通的能力，在乱世要当将军以身立威,在现代社会,信息过度膨胀,则要适应它的变化而做出应对。除非我们自己在做善事的过程中有很多私心,想要索取帮助对象的感恩,那确实就容易在有成就后偏心。但这也不是阻碍我们去体验生命精彩的理由。错了就改,偏了可以调,把自己放在公众的面前,就是要接受监督的,时时刻刻看自己在哪里还有执着?在哪里索取了关注?把自己放在混乱的色彩里,再去看看自己到底是只求一个名,还是一心为公。连古代的帝王都要受言官的管束,那么为什么不把民众的舆论当成是一面镜子,以此来照出自己的偏驳之处,时时反省,处处调整,直到真的一尘不染,心灵通透纯净,为社会做出大的贡献,造福于百姓。

中国的企业家,需要的是在博眼球和中庸之间找到一个平衡点,搭建一个适合自己绽放的舞台,我们在这条路上不断的探索,相信未来有一天,中国的企业家会站在世界的舞台上为表率,我们的文化精髓"仁义礼智信"会发出光彩,未来就在每一位国人的手中,开始行动吧!

五

每个人的良知一旦觉醒,人生就是一片光明。所有困难挫折都挡不住它。当然,这种觉醒来自挫折、困难。如果每个人内心的良知觉醒了,人生的价值自然就会体现了,人类社会也就有希望了。

舞会结束后"她领袖"中的玄子推出了个人的第一首MV,成功地在台湾出道。她说:"我怎么也没有想到自己会圆这个梦,以前为了事业,放弃了自己的音乐梦想,现在回头去做自己想做的事,真的是需要鼓励,我想我可以做到这件事,可以影响很多企业家去圆自己的梦,青春并未老去,我们随时可以重新启程,跟年轻人一样站上舞台,说自己的故事,为什么不呢?"

"她领袖"胡琇珺组建了一个香河企业家舞蹈队,教一群女企业家穿衣打扮,还成功的带她们去香港"一带一路"活动上表演。她说:"这次的舞会鼓舞了我,我真的不知道自己会做这个,我什么也不图,真的,我就是希望她们可以有一个舞台绽放自己,可以更自信的生活。我还做了公益活动的发起人,我从来没有想过可以帮助那么多人,真的特别地感谢。"

"她领袖"须丽融和我们一起发起了"艺术家宴"项目,把她多年在艺术圈累积的人脉资源运用在互联网上,她勇敢地站出来,作为引路人出现在摄像机前,她说:"许多老艺术家已经80多岁了，互联网上没有人认识他们，但是他们为国家、为艺术奉献了自己的一生，如何才能保存这些珍贵的精神财富呢？希望通过我的采访，把老艺术家的文化积累用课程的方式记录下来，帮助更多的90后、00后学习中国的传统文化……

我从来没有想过，这个舞会的后续会是这样的发展，她们原本在各自的领域很成功了，但是现在她们完全上升到全新的层次，还是那句话：给我一个杠杆，我可以撬起整个世界。很多人都有一些精彩梦想，她们只需要一个鼓励，一个示范或者一个希望，就会成为那个圆梦的人。每个人都需要被帮助，尤其是那些有能力去帮助别人的人。希望这本书中的故事能帮助到更多的人。

01 | 胡秀珺
凤凰浴火，涅槃重生

因"舞"蝶变

一场上海国际名媛舞会之后，胡琇珺的人生发生了巨大逆转。她原来的日常安排就是上班工作或出席一些活动，但在舞台上绽放自我之后，收到了很多姐妹的好评。她受到鼓舞，组织了一个香河的企业家舞蹈队，教她们跳舞，带她们走上舞台，去绽放自己。

这个过程中，虽然胡琇珺也遇到挑战，她想不到做组织的工作会这么的累，但是收获的很多快乐也激励了她，因为她从一个原来只顾自己的角色，变成真正地去为别人付出的一个角色。这个过程中，她感觉到自己可以帮助别人，而且通过帮助别人可以收获很多的快乐。除了工作和生活以外，要给自己一个展示的舞台。她鼓舞舞蹈队的众多姐妹们：即使不再年轻，也应该爱自己，更应该绽放美丽。只有你这么做了以后，你周围的人才会更加的尊重你，更加的爱你！

　　普通人的人生轨迹，往往只有两条：第一条，与生俱来的才能和天赋得以发挥，成为自己适合成为的人；而第二条路上的人，由于家庭环境、社会压力等等原因，随波逐流，最后成了别人想让你成为的样子。因此世间最困难的事情就是坚持自己的意志。

　　在胡琇珺眼里，她觉得自己未必要走那两条路，不管自己适合成为什么样的人，或者是世界想让她成为什么样的人，这一切对这位女企业家来说，都不重要。重要的是自己内心想成为什么样的人。没有才能可以努力，没有条件可以创造，纵然最终失败，坦然付出代价便是。

　　香河华鑫集团的老总胡琇珺，人如其名，长相秀气清澈。初次见到她的人无一不为她身上那一种高雅沉静的气质所惊叹，每当这时候，她总会温柔地笑道："这是因为我在学舞蹈"，这时的她才会让人想起她的另一层身份。同时创办香河华鑫集团与舞蹈家协会，对一个女性来说是一个不小的挑战。

在今年6月,我们在半岛酒店有幸采访到了兼顾女强人与舞蹈家形象的胡琇珺。在她的回忆中,与她一同走进不普通的人生经历。

真金不怕火炼,坚定信念不放弃

凡是挣扎过来的人都是真金不怕火炼的;任何东西的幻灭都不能动摇他们的信仰:因为他们一开始就知道信仰之路和幸福之路全然不同,而他们是不能选择的,也不会选择离开这条道路,只会继续往这条路走。

一场大火,给胡琇珺的生命开了一个巨大的玩笑。

胡琇珺最初的创业是从销售工作入手的。那个时候她和她先生只是拿着一些现有的产品在市场做销售,后来她敏锐地发现,整个市场对于制造业的需求变得越来越大。于是胡琇珺和她先生成立了一个福利厂,做着简单的手工作品。但一场大火,烧掉了工厂,一同烧掉的,还有胡琇珺刚刚踏上创业之路的心。

"真的,就只有绝望的感觉。那会儿我们所有的机器,包括所有的资金,不管是从个人手里借的钱,还是自己的,还是信用社贷款的,看着我们所有的(产品和原材料)全都化为灰烬,那个火舌真的很高很高。烧完之后,我们就给吓得不行"。在一瞬间,胡琇珺和丈夫所有的资本都成了一团灰烬,这对于刚刚创业的胡琇珺来说是一个无法承受的打击。以至于她在日后的生活中都受到非常大的影响,胡琇珺的陈述中透露着绝望的后怕:"我是每天、每天都生活在那个灾难里面,就一直在那场灾难里面待着。吃不下去,睡不了觉,每天夜里闭上眼就是失火了,着火了。"

更糟糕的事情还在后面,随着火灾原因的查明以及夫妻二人巨额财务的负担,有两位合伙人在进行了一系列评估之后,最终决定撤资。胡琇珺夫妻的苦苦挽留依然没有留住合伙人想要离开的心。

然而命运就是这么奇妙,在所有人都不看好胡琇珺的时候,转机就从他们身上开始了。"这对我们也是一个好事。为什么说撤资是好事呢?我们首先就安定了,我们能继续前行,能自主地、通过自己,继续干。也归因于我们这样一个不服输的性格吧。"

简单的笑容下,藏着的是胡琇珺坚定的信念与不愿意放弃的心。

绽放的山茶花

从青梅竹马到创业伴侣

胡琇珺出生在一个普通的农村家庭。两个哥哥与一个妹妹，让胡琇珺深刻认识到了生活的不容易。农村的生活是无聊而辛苦的，在农村长大，又是女儿，胡琇珺小时候的家庭条件异常艰苦，常常是吃了上顿没下顿，对于那时的胡琇珺来说，每天要是能吃上一顿玉米面就是一件很不错的事了。从小学开始，她就很懂事地一直去地里帮忙，在她高中毕业第二天，胡琇珺就去生产队帮忙干农活。虽然条件艰苦，但她还是一边上学一边依靠自己的勤工俭学，顽强地将学业继续到了高中，由此而磨炼出的坚强的性格自然也让她日后受益匪浅。

"我和先生从小就认识了。但是当时那个年代嘛，男女之间都不讲话的，但是彼此给对方的印象就很好，我们两个人小学、初中、高中，都是一起上的，毕了业之后嘛，就开始谈恋爱了"。

在采访过程中，我们发现始终带有一种优雅高贵气质的胡琇珺在谈及与先生的恋爱史时，脸上总有一丝怎么也藏不住的羞涩，褪去女企业家与舞蹈家协会主席的外壳，在我们面前的，只是一位娇羞的少女，带着一份纯真，回忆着爱情的美好。

胡琇珺这样描述自己的先生："我先生这个人嘛，首先，他很善良。人品么，就是诚实。对待别人，尤其是对身边的人特别好。孝敬父母，尊老爱幼。无论是生意场上，还是街坊邻里，都是尊敬对方，诚实守信。而且我觉得他这个人真的特别宽厚。"

改革开放不久，当时下海经商的浪潮正盛，胡琇珺和先生敏锐地觉察到这是个创业的好机会，两人便筹划开始创业，他们先从家具辅料做起，非常谨慎的，在辅料行业从做代理开始，慢慢他们便拥有了自己的工厂。

很遗憾,遇到了那一场大火。

火灾让胡琇珺一无所有,合伙人的撤资更是让她尝到了挫折的滋味。而就在这时,胡琇珺的先生却做出了让她震惊的举动:"第二天开始,我的先生,我真的很佩服我先生,他就说:你不用着急,他还很幽默地给我解心慌,说这火烧得很旺,烧完了也巨喜感。"当时的胡琇珺非常震惊,她清楚地知道,先生的心里一定和她有着一样的痛苦,可是在天灾人祸面前,先生表现出了坚强的一面,并且用这份坚强感染了绝望的胡琇珺。

现在,胡琇珺已经可以笑呵呵地说道:"要是没有他这样的打岔,我可能还不知道什么时候重新振作起来呢"。

在那个年代,制造业真的很辛苦,而市场的竞争很厉害。胡琇珺面临的首先就是价格竞争,特别是当那场大火让她们一无所有时,一切的一切都只能依靠人与人之间的"信任"才能做下去。万幸的是,胡琇珺的妹妹与妹夫雪中送炭,愿意提供帮助,两对夫妇就这样肩并肩地往下走。而胡琇珺从刚刚踏上这个行业就坚持以诚待人,这一宝贵的品质终于在她最困难的时候给了她回报。许多厂家听闻胡琇珺的遭遇后,都决定帮助她,"有货就都给我们家先拿"。就这样,在众人的帮助下,胡琇珺终于得到了喘息的机会,并且通过自己的信誉保证，使工厂得到了长足的发展。

"当初我们也没有资金，是几个人合伙建的，另一方面有政府支持。幸好我们当时信誉好，很多人愿意跟我们合作。我们做那么多年企业，跟银行的信誉也特别好。"

胡琇珺有时候早晨六点钟出去，经常要在公司里忙活到晚上才能回家，有的时候甚至要到凌晨才能回来。更别提还会赶上刮风、下雨、下雪的恶劣天气。那其中的辛苦只有自己知道。

最终胡琇珺成功了，她由建材生意起步，随后转做家具城，并且开创了香河华鑫集团，胡琇珺从创业开始，一步一步把家具城作为香河华鑫的一个传统品牌。从家具城再涉及房地产、建材等领域，"相互借力、互相帮助"是胡琇珺一直会挂在嘴边的一句话。

作为企业家，重要的一点是"走出去"。不管是她带同行企业家出去，还是带员工出去看看，去南方、深圳、广东等地区。去看看外面家具城的发展，拓展思路。

对她来说,要做就做最好。她本人是这样说的:"我们开始做家具城的时候,就做高端。第一个家具城,我们一共投资了两个亿左右,当时别人做得很小很矮,特别低端,产品不过关。我要么不做,要做就做第一。"

你的脸上云淡风轻,谁也不知道你的牙咬得有多紧。你笑得没心没肺,没人知道你哭起来只能无声落泪。要让人觉得毫不费力,只能背后更加努力。

发展慈善平台,百尺竿头更进一步

在我们采访刚刚开始的时候,就问了胡琇珺一个关于"社会责任感"的问题,胡琇珺说道:"企业做到一定规模,才能感觉到社会责任这四个字的含义"。胡琇珺对社会、对人非常真诚,可能是当时社会风气和底蕴促成她这么做,也可能是她从小的经历与性格让她养成了这样的待人经商习惯,或是那场大火让她有所感悟。

2005年左右,胡琇珺有了一个想法,她想:她自己,她的员工们都已经有了一个稳定的工作,也有了稳定的收入。那现在摆在她面前的问题就是:她怎么才能够让身边的姐妹,还有周边的环境，都变得越来越美？

她是一个可以通过自己来带动身边人的人。胡琇珺找到了一位志同道合的姐妹，她们聊了关于健康、美丽、快乐这样的内容，两人一拍即合，成立了女企业家协会。

协会的目的很简单，就是为了帮助那些创业路上刚刚起步的人。胡琇珺自己的创业经历非常坎坷，她深知年轻的企业家们会遇到许许多多困难。这时候不仅仅需要物质上的帮助，精神上能够给予鼓励与支持也是非常重要的。因此女企业家协会就这样成立了。

"传统的慈善公益可能就是帮助弱者，事实上我们在阐述的这个慈善文化，不是说只帮助弱者才叫作慈善，我们是要带动更多需要帮助的人"。

在她成功后，立足于香河华鑫集团的力量，以"帮助带动更多需要帮助的人"为出发点，胡琇珺的慈善事业已经不是简单的帮助残疾人、为其提供岗位与工作了。胡琇珺将自己的着眼点放在年轻的企业家身上，她经常以自己的创业经历为例子，鼓励和支持其他年轻人。

胡琇珺告诉我们，如果以人生的10年为一个阶段的话，她最喜欢的是20岁~30岁的那个阶段，与先生谈恋爱，创业。那个过程虽然很苦，但是都过来了。所以胡琇珺一直希望用

绽放的山茶花

自己的创业经历去影响一些年轻人，让那些年轻人们跟着她走。跟着她一起去奋斗拼搏，他们有的时候经常遇到这样那样的困难，胡琇珺的一句话就有可能把他们心结打开了，让他们不会因为一些事情而纠结、顾虑太多，影响斗志。

谈及自己的未来，胡琇珺的脸上充满了骄傲和自信："我们每年都要参与一些公益活动，不管是公司行为还是个人行为，也有在其他地方做慈善，做捐赠。我的未来就是，帮助身边的人，帮助身边有需要的人。10年之后我还是会现在这个样子。"一边说着，胡琇珺一边笑着，从她的脸上，我们感受到是，是青春的光芒，无尽的动力。

"20岁~30岁这十年创业，我每一天都过得很苦很累。但是很苦很累的感觉也是好的。现在再回头看看，我感觉当下是最好的。人生很长又很短。你走了之后，会给身边的人，给社会留下什么？你帮助了多少人？我为什么要做女企业家协会这件事，就是我的一个理念：我能帮助多少人，我能带动身边多少人？帮助更多的人，这样我才有价值。"

凤凰浴火,涅槃重生

通过舞蹈达到内心的转变

胡琇珺从创业至今,到现在致力于慈善事业的转变,是从原先的埋头苦干,到现在的柔和沉静的转变。

在采访时她说过,自己在创业的时候最喜欢穿黑色衣服:"我以前真的穿不了任何颜色,只认黑色,我就是认为,这是我的颜色。还真是觉得好。"黑色能带给胡琇珺的是舒适感与安全感,同时也能带给她自信。我们翻看了以前的照片,发现在创业的那段时间,胡琇珺的穿着确实全是黑色。

但是这十年来,胡琇珺变了。她的气质由之前的女企业家、女强人成功地转变成优雅的舞蹈艺术家,这一切都归功于舞蹈家协会的创立。

胡琇珺说道:自己主张内修气质,外塑形象,家庭和睦。在舞蹈的起步阶段,零基础的她最先考虑到的就是从健康的角度,在胡琇珺看来,跳舞是一种"吃苦"的行为,舞蹈家协会提供了一个平台,给那些女企业家们聚集在一起。让大家一起"吃苦",而在这学习跳舞的过程中,大家其实都能体会到那种幸福的感受。

在胡琇珺看来,她是做企业的人,那就一定要对上下游客户、员工都要做到善良、谦和,这是她对自己的要求。

现在呈现在我们眼前的胡琇珺,已经是能够运用各种靓丽颜色,她会穿粉色套装,会穿紫色连衣裙。

现在的她会慢慢地听,慢慢地看。胡琇珺的性格也随之慢慢地变柔和了许多。

她善于学习,不管是通过老师还是身边的人,往往能真切地感觉到对面那个人就是自己的影子,是自己的镜子,每个和她接触过的人都是她的老师。

家庭是温暖的港湾

从小到大,胡琇珺非常重视自己的家人,两个哥哥与一个妹妹和她的关系都非常好,让胡琇珺非常感激的是,大火之后,她的妹妹和妹夫决定帮助她。一家人最重要的就是齐心合力,和和睦睦。

胡琇珺有两个儿子,都已经30多岁了,事业顺利,家庭和睦。两个儿子三个孙子,祖孙三代住在一起,安享天伦之乐。最大的孙子已经五周岁了。

胡琇珺家的婆媳关系非常融洽，两个儿媳在胡琇珺的朋友圈都给她点赞。

胡琇珺跟孩子在一起的时间比较少，但在孩子们的心中，都会为她感到自豪的。

在胡琇珺看来，过节是家庭的一个大事，首先她得带动他们聚到一起。这样的一种浓浓家庭氛围让胡琇珺感受到无与伦比的快乐。

儿子和儿媳也都在胡琇珺的企业中有职务，两个儿媳也都是舞蹈家协会的成员。她们都愿意通过学习，对家庭，对事业有所促进。胡琇珺也想通过学习帮助家人拥有自己的事业。

儿子和儿媳都有自己的想法与见解，在创业过程中，胡琇珺总是不遗余力地帮助他们，让他们走得更好，她始终坚信"原来执着之后，美好的事情一直在前面等着自己。"

02 | 左伊玄
于爱字中见真情

因"舞"蝶变

左伊玄实现了自己的人生梦想。她从第一次穿上华尔兹的舞裙站在舞台上,就发现其实她当年失去的音乐梦想还是有机会再次捡起来的。她参与了卡枚连的圆梦计划,给自己出了第一张专辑,没想到这张专辑发行的成绩非常的好,在QQ音乐排行榜上排到了前三,有很多的led视频,以及很多大的音乐网站都在转发播放,在抖音的播放量也过了两百多万。在台湾也有很大的反响。现在,她也拥有了众多的粉丝,拥有一定的知名度。她真的体验到了为做企业而荒废的梦想原来可以在事业有成之后捡回来。

在这个改变的过程中,她也获得了她先生的认可,有很多朋友跟他先生说：哇，你老婆做这件事情真的很棒！她先生发现老婆做这件事并没有让他们夫妻关系变得更远，反而是让他们的夫妻关系有了更深层次的一个链接。左伊玄说：参加国际名媛舞会这个活动，就是想要改变原来的生活方式，已经厌倦了过去每天两点一线的生活方式。到一定年龄应该为自己去做些什么，应该去实现梦想。她鼓励所有的女性，勇敢地去追逐自己的梦想，因为任何时候都不晚！

三少集团，这个名称不算拗口奇特，但平常中又有一丝怪异。

"莫非老板在家排行老三，是家中三少爷？"

"是的！"

三少集团的董事左伊玄给了确切的回答。左总爽快的确认说，我老公在家排行老三，所以公司名就取了"三少"两字。

应卡枚连之约，就在上海闹市中心的三少集团办公室里开始了对女掌门的采访，在左总娓娓道来的历史记忆里，勾勒出左总和三少集团的发展画面。

左总全名叫左伊玄，名如其人，漂亮且颇有艺术范。

绽放的山茶花

左伊玄毕业于四川音乐学院，在毕业实习阶段就已经在电视台做播音主持，从实习到正式工作，左伊玄在电视主持人岗位上的生涯有一年零四个月。左伊玄形象好、声音也好听，在电视台里颇受欢迎，上上下下都喜欢她。然而左伊玄生性好动好挑战。受过音乐高等教育的专业背

景，又在广播电视台主持过音乐节目，左伊玄萌生了做歌手挑战自我的念头，逐渐一发不可收拾。一天，左伊玄郑重地告诉父母她要辞职下海。

左伊玄要离职的消息长上翅膀飞遍电视台，台长、左伊玄父母都进行规劝，左伊玄爸妈说："一个女孩子，安分守己就可以了，有一份好的工作，又是个铁饭碗，就不要东想西想了。"广播电视台台长也十分不舍得左伊玄离开，百般挽留。

然而左伊玄的性格就是认定了要做的事情，就一定要做到。左伊玄的梦想是做一个职业歌手，早在大学期间，作为音乐学院学生的她就已经客串做歌手了。当时歌手还是蛮吃

香的，左伊玄凭着音乐学院的专业背景，在四川演艺行业里风生水起，一天也有好几百元的收入。

因为对音乐的喜好和对事业的追求，左伊玄不甘在广播电视体系里重复做同样的事，又有很多羁绊捆住了自己追求音乐梦想的手脚。所以，左伊玄离开了在别人眼里炙手可热的职业，她一点不犹豫，音乐之路在心里一直召唤着。

后来她又萌生了去北京深造的念头。深造学音乐的费用不菲，左伊玄离开电视台后把学费挣出来了，小半年的时间她就累积了一点资金，飞到北京去学习，为实现自己的梦想而奋斗。

关于她的故事，离不开音乐，就从音乐开始吧。

自幼的音乐梦

左伊玄从小生活在一个红色家庭，她外公是三八年就参加革命工作，为共和国打江山的老干部。她爸爸也曾是个军人，转业后到地方检察院工作。左伊玄妈妈以前是从事艺术工作的，是川剧演员，后来也转业去了公安局工作。由于父母的基因，左伊玄遗传了父亲的军人爽快、开朗、执着，又延承了母亲的美丽和对艺术的爱好，自小对艺术就萌发了憧憬和向往。

左伊玄从小学一年级开始学小提琴，一学就是7年，训练出了她的听力和对音乐的敏感。

读中学时候，班主任张老师看左伊玄从小就喜欢跳啊唱的，所以学校里只要有文艺活动，就点名让左伊玄参加，有音乐天赋的左伊玄在学校里的文艺活动上经常得奖。班主任老师觉得左伊玄应该走艺术这条路，建议她向音乐领域发展。然而左伊玄的父亲却不同意，他认为女孩子蹦蹦跳跳出头露面不好，但左伊玄的妈妈却不同意她爸爸的观点，鼓励她向艺术道路上发展。左伊玄妈妈很可爱，为了帮助女儿说服父亲，她鼓励女儿说："你爸不同意，没有关系，你天天就在家里唱，唱得整个院子都能听见。"聪明的妈妈让左伊玄天天在家里唱，唱的周边邻居都对左伊玄爸爸说，"你女儿唱歌挺好的嘛"，周边的人说多了，也就感染左伊玄的爸爸改变观点。就这样，左伊玄爸爸也慢慢地同意左伊玄走艺术之路。从此，左伊玄开始全面在音乐领域遨游，正式学钢琴，学声乐。

为了考进音乐高等学府，左伊玄从高二开始系统的学习，拜师求艺。左伊玄先拜川师大的一位音乐老师为师。后在考试前又找了一位老师进行集训。每天合音、听琴弦。就这样，功夫不负有心人，左伊玄在音乐天赋基础上，经过一年多的名师指点学习，在专业老师的帮助下，终于考上了四川音乐学院，进入声乐表演专业学习，成为一名专业的音乐领域的骄子，左伊玄开启了歌唱家之门。

独立的翅膀随音乐飞翔

当时大学的条件还没那么好，但左伊玄从小独立生活能力就强，很快适应了大学生活，她的个人用品放置得井井有条。但是宿舍人多吵闹，左伊玄无奈，第二年就计划搬出去住。搬出去居住，租房的费用就贵多了。左伊玄个性要强，她不伸手向父母要钱，她觉得自己大二了，有能力自己赚钱。左伊玄学的音乐专业正好方便自己赚钱。于是，左伊玄在课余时间出去参加演出，开始她的演唱生涯。相当于学生时代就进入了社会。左伊玄后来的人生道路也证明，早一点接触社会，早一点历练自己的专业能力，对于适应社会、事业发展也是有积极意义的。

尽管左伊玄课余时间演出，但她从不耽误课程学习，她

 绽放的山茶花

的音乐理论、外国音乐等知识学得很扎实。由于她经常参与社会演出,经济上也没后顾之忧。读到大三的时候,有一天左伊玄妈妈问她:"你怎么不问我要生活费啊",左伊玄骄傲地说:"不用啊,我自己赚钱呐"。妈妈说:"你可以吗?"左伊玄说:"可以的"。左伊玄不仅没有向家里伸手要生活费,而且学费她也是自己交。虽然一万多的学费有点贵,但除了第一年学费是左伊玄妈妈帮缴纳的,第二年以后,左伊玄的生活费和学费都由自己来解决了。

大学校园里的初恋

刚刚进入大学的时候,左伊玄觉得一切都很新鲜,四年的学习生活,加上晚上经常出去演出,生活挺充实,左伊玄没有觉得无聊过。左伊玄离开父母,身边少了父母唠叨,无忧无虑,在这种氛围下,左伊玄遇到初恋了。

左伊玄的初恋并不是来自大学的同学,而是同寝室室友的高中同学,考进了四川大学。四川大学就在四川音乐学院对门,两所大学的同学交流很方便,横跨一条马路就可以了。左伊玄的这位室友的同学常来音乐学院找她玩,青年人在一

起一聚,马上就熟悉了,加上同学在旁边煽风点火,初恋就这么来了。

两个人就读的大学如此近,谈情说爱也挺方便的。四川大学很大,一个晚上也逛不完,四川音乐学院非常小,但楼层很高。四川大学没有高建筑物,建筑物全部都是矮矮的。两个学校风格完全不同,四川大学不仅大,而且植被很好,大树很多,春夏秋冬各有不同的风景。一进四川大学,就有个荷花池,很大很漂亮。左伊玄好玩的性格让她觉得自己的四川音乐学院的校园没有什么好看,太小了,而四川大学有逛不完的地方,吃的呀玩的呀,特别特别多,非常适合她。左伊玄在四川大学校园玩上了、爱上了。

描述左伊玄的初恋是源自四川大学校园真是一点不夸张,因为当左伊玄大学毕业后,离开校园,她突然觉得初恋的感觉也失去了。大学四年新奇兴奋,恋爱也有滋有味,去了电视台工作,仿佛把恋爱的感觉也留在了大学,大学生活的一页翻了过去,初恋的一页也随之翻了过去。随着去广元电视台工作,左伊玄与四川大学的男友平静地分手了。

小爱的纠结

大学毕业后左伊玄并没有动脑筋想办法留在成都发展,喜欢挑战自我的左伊玄听说广元市广播电视台招主持人,她没有犹豫就去应聘了。

左伊玄学的不是播音主持,而是声乐,但她喜欢挑战自我,学声乐也能做好主持人。当时是招聘七个人,而报名的有三千人。经过海选,电视台确定十五名去实习,在岗位上再确认。经过一阶段实习,又有八位实习生被淘汰了,最终留下七位,左伊玄是留下的七人之一。左伊玄不是学播音主持的,而被淘汰的却都是播音主持专业的毕业生,被淘汰的毕业生看到左伊玄留下了特别不服气。当时有位女孩子对左伊玄说,"你不是这个专业的还跟我们抢饭碗?"左伊玄好斗的性格被激起,她回答说:"我不是这个专业的跟你抢饭碗,可你也没有抢得赢我呀。"一句话就顶过去了,原本左伊玄面试实习只是好玩和挑战自我,但面对竞争对手的种种不服气，她就是要留在电视台工作，而且要脱颖而出。留下的七个实习生，三个男孩子四个女孩子，左伊玄好强的性格又给自己定下了新的目标。

左伊玄当时的初恋男友在成都，自己在广元电视台工作，二人分处二地，同时也没有四川大学和四川音乐学院的环境，左伊玄初恋就这样慢慢地终结了，她以饱满精神状态投入了新的工作。

在广播电视台工作的初期阶段，左伊玄感觉很充实，所有东西都需要学习。一开始，左伊玄在广播电台做播音员，她要面对红红绿绿的指示灯，在播音时要控制很多的按钮键，随时要调整。这种自说自话，边说边调适的工作，左伊玄觉得很新奇很好玩。那个时候左伊玄在电台的播音艺名叫"悠悠"，她的节目很受欢迎。出租车司机听左伊玄的节目比较多，边开车边听。左伊玄妈妈也因为左伊玄"悠悠"的大名而受益。有一次左妈妈乘坐出租车去电台看左伊玄，在车上聊天，出租车司机听说她是悠悠的妈妈，到了目的地，司机不收车费，左伊玄妈妈感到特别自豪。

随着左伊玄"悠悠"声名鹊起，送花的、追求的听众、朋友逐渐增多。慕名的、求爱的，如后浪推前浪，左伊玄既感到满足，实现了自己定下的目标，在行业里脱颖而出，但又感觉到烦躁和无奈，这还不是她心中梦想的生活。不想生活在荧光灯下，生活在听众的追求中，她想有自己喜爱专业和事业。左伊玄毅然决然提出辞职，她要去北京进修声乐。

到北京进修声乐要有两个基本条件，一是有时间，走得开，二是有钱支付学费。而辞职离开广播电视台正好可以创造这两个条件，获得自由身，可以参加各种演出。就这样，左伊玄离开了广元市广播电视台，下海做自由的工作了。

左伊玄爱美，一直对美容行业情有独钟，她离开电视台后去了一家美容机构帮助做宣传，同时自由地参与商业演出。

帮助公司策划会务，是左伊玄的强项，她本来就是主持人出身，又是做过歌手，所以工作上倒也得心应手。公司的老板觉得这个女孩子很好用，而左伊玄出色的表现，也引起了老板的弟弟，赵虹翔先生的关注。

赵虹翔，后来成了左伊玄的丈夫。好多年后左伊玄问她丈夫，什么时候开始恋上她的？她老公也很诚实地回答，"就是你来我哥公司的时候"。

当左伊玄在公司担任会务总监时，她晚上照样去做歌手，积攒去北京进修的费用。因为公司的业务，美容机构与众多客户打交道，矛盾也是家常便饭。得知左伊玄有亲属熟悉法律条文，所以公司有些纠纷矛盾也会让左伊玄去向亲属咨询，这样，负责公司法务的老板的弟弟赵虹翔与左伊玄交往也多了。

赵虹翔在与左伊玄工作交流中不可抑制地爱上了这位漂亮活泼的姑娘，慢慢地展开对左伊玄的追求。有一天晚上，赵虹翔给左伊玄发了一个短信，那个时候还没有微信，他问左伊玄："在干吗?"左伊玄回答："我在家里打扫卫生。"随后他又发："我喜欢你。""我喜欢你"这几个字他是一个字一个字的发短信，左伊玄正在家擦地板，短信一个个响，左伊玄一看手机，屏幕一个"我"字，左伊玄想这个神经病，短信怎么只发一个字？她也不管，又开始擦地。一会又来了一个"喜"，一会又是"欢""你"，这四个字发了有半小时。左伊玄看到短信愣在那里半天，左伊玄心想他在干吗呢，两人各方面是不搭的呀？然后，左伊玄回了他几个字，"你喝酒了吧?"他说没有，他说是当真的。赵虹翔的求爱攻势就这么开始了。

第二天他约左伊玄吃饭，明确要做左伊玄男朋友。

他们开始谈恋爱了，工作时，她觉得一起开会沟通有点怪怪的，与以前的沟通交流有点不一样了，有种说不出的感觉。

此时，左伊玄的爸妈也正式督促她：年龄不小了，应该找个男孩子正儿八经地谈恋爱结婚了。左伊玄的男友赵虹翔

绽放的山茶花

也不含糊,在与左伊玄约会七八天后,就跟左伊玄爸妈正式宣布两人在谈恋爱了。一开始左伊玄的父母也很惊讶,但随即理解,而且大家都很熟悉,认可了他们的选择。由此左伊玄正式开始了恋爱的历程。

爱情与事业

左伊玄与他男朋友都属于果断干脆型的。在他们的婚恋路程上处处显露他们果断的特点,赵虹翔先是突发短信求爱,第二天就约会吃饭,约会七、八天后就把彼此恋爱的事实告知彼此的父母,随后他们相处了七个月就宣布要结婚了。

左伊玄与他男朋友都觉得爱就是爱,既然爱了就应该走到一起,结婚生子,共同面对未来。

虽然左伊玄和赵虹翔彼此性格对路,但其实对婚后的人生路该怎么走?会发生什么?他们当时还没有太多的考量。

他们相恋的时候,左伊玄已经去北京深造音乐,实现音乐梦了。赵虹翔作为男朋友,并不太同意她去北京的,他不希望分居两地,而是希望一起生活一起创业。但他还是尊重左伊玄,让她去北京,后来见左伊玄去了北京不见回川的迹象,他就心生一计,在左伊玄去北京几个月后又用特殊的方式把她召唤回来。

某一日,左伊玄发现赵虹翔先是电话失联了,然后在百般焦急中突然收到赵虹翔发来的一张穿着黑色的紧身的T恤下着白裤子却站在雪山上的一张照片,并有附言:你不回来,我就跳下去。左伊玄被吓着了,她突然感到不能失去赵虹翔,此时她感知到他们彼此存在深爱。左伊玄当即从北京赶回四川,并决定要立即结婚。

左伊玄和赵虹翔结婚了,组建了家庭,小两口决定要创业。左伊玄和赵虹翔两人结婚的时候,各自并没有扎实的经济基础,他们都是好强的人,也没有开口向家里伸手要钱。两人当时一个30岁,一个28岁,从创业角度来说年龄不算早也不算晚,不能犹豫了。所以创业成为他们共同选择,他们开始了共同的事业。赵虹翔自己以前也创业过,有成功也有失败。创业失败以后就到他哥的公司上班。赵虹翔明白,他此时不是一个有钱的人,左伊玄与他结婚,共同生活,并不贪恋钱财,而是真正地彼此相爱。左伊玄与赵虹翔是无房无钱的裸婚,这一现状更激励小两口的创业激情。

创业需要资本,需要启动资金,左伊玄小两口创业的本钱居然来自结婚时的份子钱。左伊玄夫妇俩人缘不错,结婚

绽放的山茶花

时收了九万元礼金,婚宴用去三万,剩下的六万元就成了他们创业本金。他们怀揣着结婚剩余的六万元,离开了赵虹翔哥哥的公司,奔赴浙江开始了他们的创业之旅。

左伊玄心里很明白,怀揣区区六万元,去不了北上广深创业。她与老公商量后决定去浙江,因为浙江相对其他省份来说,对新事物的接受速度会比较快,浙江的人工、房租相对北上广深也稍便宜些。就这样,左伊玄和她先生就选择了杭州作为创业的始发地。

左伊玄夫妻俩在杭州注册了一个公司,租了一间一百多平方米的房子做办公室,在当地招了两个业务员,开始做美容产品销售。他们代理产品,在市场上跑业务,对接不同的美容院把这些货卖出去。几个月下来,把产品卖出去后交了房租水电费,也没有剩多少钱,业务和生活只能勉强维持。左伊玄觉得杭州商业成本也挺高,难以长期维系,当时又果断决定要搬离杭州。离开杭州去哪呢?左伊玄决定搬去义乌,因为当时她发现他们所做的业务在义乌、金华、温州等地业绩最高,说明那里有市场。左伊玄又研究了一下义乌的地理位置,她发现义乌是一个中心点,不管是到金华、到浦江、到永康到东阳、还是到武义都方便。

作为对浙江还不太熟悉的川妹子,左伊玄果断地把公司从杭州搬到义乌，在义乌她与先生一起创业。

左伊玄和赵虹翔从事美容产品的业务是有一定基础的。经过几年的努力，公司迅速发展起来，有八九十个人的规模，发展得很快。

在义乌，左伊玄公司租用了比杭州时面积大五倍的办公场地，他们有一栋三层的楼房，面积有五百平左右。

因为公司业务发展得好，对当地美容机构有冲击，面对本地同行的排挤封杀，摆在左伊玄公司面前有两种选择，或花精力代价摆平所有阻力，在义乌继续生存发展，或搬往上海，向有高科技氛围的城市靠拢。左伊玄与老公商量决定，还是把公司和业务搬到上海去。就这样，2009年的7月13号，左伊玄公司搬到上海张江高科园区。左伊玄公司把手里的两三百万全部投在张江高科园区，在那里建立了自己的实验室。

左伊玄的业务在发展，他们的爱情结晶——儿子大宝也降临了。左伊玄第一个孩子是2007年出生。她在怀孕时，公司也是发展的艰难期，左伊玄的妈妈曾劝她放弃创业，但她还是坚持了下来。一边家庭，一边公司，随着业务发展，生活稳定，左伊玄在2016年6月8号又生了一个可爱的女儿。

绽放的山茶花

家庭温暖的港湾

左伊玄生第一个孩子的时候,爸爸妈妈就陪伴在她身边了,帮助带孩子。日常的生活起居是由爸爸妈妈照顾。孩子一岁的时候左伊玄搬到义乌,她爸妈也去了义乌,然后左伊玄来上海,爸妈也跟到上海。直到孩子三岁的时候读幼儿园了,左伊玄爸爸妈妈才回四川。左伊玄请了阿姨来帮助带,无论是左伊玄爸妈帮着带孩子,还是阿姨帮着带孩子,左伊玄都坚持一直与孩子生活在一起。

因为做业务的关系,左伊玄经常出差,为了缩短出差时间,左伊玄就把行程安排得很密集,曾经有过一天飞四个城市的记录。

虽然把家和事业看得非常重要,但在家庭、事业与自我面前,玄子从未放弃过。

她知道怎样合理的规划自己的时间与日程。一天的时间里,上午十点到下午三点这段时间她会分配给公司,三点到六点则用来发展自己的兴趣爱好,剩下的时间则留给家人。

"作为一个女性,家庭、事业与自我可能很难平衡,但当事业发展到一定程度的时候,一定要留一部分时间给工作,一部分时间给自己,一部分时间给家人。现在很多女性生活太局限性了,很少真正为自己而活。"

不因迁就而遗失自我,卓越的人生背后,总有最细致的规划。

左伊玄从结婚、创业到两个孩子的妈妈,正好是十年,这十年也是她人生当中最丰满的十年,虽然未来还要经历很多,左伊玄在设想,在未来某一天开始回归全职太太的生活。

心系慈善　沉稳绽放

事业生活之外,玄子还是一个热衷于慈善事业的暖心姑娘。

13年开始资助学校,帮助学校改善教学环境。期间还参与了不少公益活动,2017年6月的卡枚连&芭莎公益慈善基金"为爱加速"思源·芭莎贫困县/乡救护车项目就有玄子的一分力量。

"慈善公益有很多人在做,身边有许多需要帮助的人,希望自己的绵薄之力能够或多或少地帮到他们。"

玄子将慈善这份旁人眼中伟大的事业,归结于最质朴的因素——爱。因爱而生,心行慈善。

如今的玄子,拥有成功的事业、圆满的爱情、幸福的家庭、丰富的自我。繁杂的尘世之中,她活得自由而洒脱。

左伊玄自豪地认为,当迈过了创业前期艰辛之路后,左伊玄会更多地关注家庭,关注孩子教育,关注社会公益,关注社会责任。

左伊玄总结自己的婚姻、创业和家庭生活,归纳成两个字:缘分。她觉得无论是遇到她老公,还是从事美容事业,都可以看到缘分二字。

回顾十多年的生活,左伊玄说她们夫妻感情很深,虽然有时有矛盾,但彼此理解对方。左伊玄比较关注细节,她先生的思维就比较宏观,所以工作和生活里就出现这样的场景:先生定下框架模式,她负责执行落实。

现在家族企业当中，太太扶持先生，做先生的左膀右臂的现象越来越普遍。丈夫宽厚包容，妻子体贴呵护，双方相处就会融洽，发展也会顺利。左伊玄总结，他们夫妻自创业一路走来相互扶持，双方在创业路途中彼此更了解，了解越深，工作生活就更轻松。左伊玄喜欢用"软和"二字，她说夫妻关系软和了，彼此就觉得开心，家里的氛围也就很好。

最后用左伊玄的一段感悟作为结束语：现在很多女强人，都太强了，把男人都逼走了。女人，你要看你想要的是什么，如果把自己当成一个男人看，你强没关系；但如果你把自己当成女人看的话，在男人面前你要软，以柔克刚。

03 | 丁琴
永远跑在自己的前面

因"舞"蝶变

参加上海国际舞会的时候,丁琴其实是在经历人生的一个大低谷。她经历了父亲去世和失去挚交的双重打击,为了排解忧伤,她每天进行长达两三个小时的高强度运动;去世界各地挑战极限,有两次在新疆、西藏和死神擦肩。在健身房训练受了重伤,腰部需要手术。

在她不得不躺在医院里休息的这一年,她思考了很多。她发现,之前她总是希望自己能够把每件事做得完美,做到最好,付出了很多努力,给自己设定了一个个目标,让自己永远停不下来,其实是在逃避。直到老天给她拦腰一棒让她趴下来不能动弹、不得不面对内心思考之后,原来当前最缺的功课，是学习如何柔软，学习如何作为一个女人活着。

所以这一年的时间，她花了很长的时间学习，换个视角去觉察自己。在这个过程中，她发现过去很多在跑步中领悟到的道理在课程中也是相通的。比如跑步就是一种动态的冥想状态，和日常生活中静态的冥想状态是一样的，都可以给身心带来平和。

真正强大的人都是雌雄同体的，"男人的强大来自他的温柔，而女人的强大来自她的力量。"她已经拥有了力量，她希望通过学习让自己更加的柔软，达到如太极阴阳般的内在平衡。

她是很受上天宠爱的人：

容貌出众，身高170，还有马甲线。

这只是外在，关键是：

她是学霸，读过六所大学，一路从本科、硕士，到在读博士。

她是戈壁玫瑰，曾经代表中欧参加第十届"玄奘之路"商学院戈壁挑战赛——一场4天120公里的赛事。

她是智慧女性，35岁退休的投资人，一不小心把自己活

绽放的山茶花

成了他人眼中的"富二代"。

她是舞会名媛,在2018年的上海国际舞会上,绽放光彩,一鸣惊人。

聚这么多光环于一身的丁琴,却莞尔一笑总结说:我运气很好的,我总遇到一些好人,我很感恩。

其实,大家都知道,这世上从来就没有随随便便的成功,上天总是眷顾努力的人。

一直怀有北大梦的学霸

对丁琴的访谈是在2018年7月底的一个午后。

那是上海新天地最著名的豪宅区,有英国管家式的物业管理。有专人对讲机通报,安全措施非常完备。

与室外的豪华装配不同的是,丁琴的室内配置非常简单,偌大的客厅很空旷,没有电视机,除了一张三人沙发,一副茶几,旁边两张可席地而坐的瑜伽垫,就是墙角枝叶舒朗、高大的绿植,一副极简风。

丁琴本人,身着白衬衫、牛仔裤,一副清爽的邻家女孩的样子。

她读过六所大学，有医学院、法学院、商学院，拥有经济学、法学双学位，是中欧的工商管理硕士（EMBA），又是比利时联合商学院的工商管理博士（DBA）。

当你佩服她的博学，她却谦虚地说："其实我的梦想一直是北大。第一年高考志愿没报好，因为在江苏考区，对手太强，名额太少；我成绩又忽高忽低、不够稳定。其实我的高考分数出来够上复旦大学的，但是志愿没有填好，最后落到了医学院。那不是我想要的，总觉得自己不属于那里，后来就又重新考了复旦法学院。"

对于一路的求学经历，她很感慨："我们80后这代人都太受父母影响，没有自我，在一些需要做选择的时候没办法左右。包括后来去英国留学，我想去剑桥读艺术史的，可父亲不同意，说读这个就不送你去了，他觉得读这个不实用，找不到工作。他们希望你去读医学、法律，把我的两个专业优势结合在一起。他没有错，但这不是我想要的，是他们从实用主义去考虑的。中国的小孩独立的晚，读大学都要父母拿钱,进入社会开始工作后大部分人都找不到自己,不知道自己真正想要的。因为我们独立思考的能力从小就被阉割掉了,只需要顺从,直到你真正知道自己需要什么的时候,有时已经很晚了。很少有人在十几岁二十几岁,就能幸运地做自己喜欢的事情。现在90后、00后的孩子状况好些,因为他们的父母比较开明,懂得尊重他们。"

"父母没想到是,你后来进入了投资界,还取得很好的成绩?"

"是的,他们本来期待没有那么高,他们觉得我读了大学,做公务员一类比较稳定的工作,在他们的视野范围内,就很满足了。他们的价值观里,这是比较稳妥的一条道路。但是我比较奇葩,没有那么走。尤其是因为出国,格局和视野不同了,所以对选择影响很大。之前学医学、法学也多多少少对我后来的人生有帮助,反正没有什么东西会浪费的,用只是早晚的问题。"

有了职业经历之后,丁琴还是想读书,想继续圆北大梦。

因为某种机缘,又或者说还是和北大没有缘,最后她还是读了中欧国际工商学院。

她总结说:"这次决定是对的,在商学院里,中欧和长江是最优秀的两所学校。这次选择对整个人的格局和视野影响是巨大的。"

把自己活成别人眼里的"富二代"

在丁琴住的豪宅区,很多是光鲜靓丽的富二代,她的隔壁邻居就是一个和她相仿的"富二代"女孩,因而不了解的人都以为漂亮的丁琴也是一个靠父母住上豪宅的"富二代"。

对这点,她有自己的解读:"能把自己活成了他人眼中的'富二代',至少说明我还没有因为奋斗,把自己搞残,还值得欣慰。"

是的,这套豪宅完全是靠她自己打拼赚来的。

从小父亲就说,有本事的人都是靠自己,没本事的才靠父母。所以她留学回国后就被老爸踢出家门,做了"沪漂",从外企助理做起到年薪百万的金领。后来为转行做投资人,到中欧工商学院读EMBA,补财务知识。

刚好生逢其时,赶上了2013年开始风生水起的互联网投资潮,为她施展拳脚提供了舞台。

作为随着互联网成长起来的第一代,她以天然用户的视角看项目,用女性的直觉看人。"不熟不投,不懂不投",她是个简单的人,这是她两个简单的原则,因而她选中的项目精准惊人。

"投资应该没那么简单吧,除了义气以外,一定有别的秘诀?"

她似乎像一位从战场上凯旋的将军,已经褪去了锐利的锋芒,轻描淡写地说:"凭直觉吧,我不太看纸面文件的,也不听人家讲故事的,我是看人的,人对了,做什么都是对的。人的思路、格局、视野还有执行力决定了他的未来走向。我选的人本身就很优秀,就是不碰到我,他们也会成功的。"

"现在总结下来,当年操作的时候还没认识到,就是不熟不投。不懂的行业不要投,我看到很多失败的案例,很多人就听人家讲故事,被忽悠忽悠就轻易拿钱投进去,就很容易发生失误。还有传统行业有很多余钱,面对新兴的互联网,很多人因为不懂就投,就会发生错误判断。所以所投的人也要熟悉。我运气很好的,我碰到的人都很好。"

提到人,她反复说:"我很感恩。"

她指着阳台上,一张拙朴的原木色的清代条案,介绍说是朋友知名画家郑在东老师的宝贝。一次在他家,看到这张条案,她表示正在找一张榻,没想到郑老师慷慨、爽快地转给了她。阳台的另一端是一个白色雕塑,出自她的另一位朋友——台湾著名雕刻家萧长正之手,叫"云一样的女孩"。这两位大家的作品放在一起,有朋友说,"哇,这是在台北博物馆的感觉。"

她不好意思地说:"我真的很感恩,很多朋友是大师,有人说我命里有大师缘。他们给我很多精神上的助力。"

此时,外面正暴雨如注,她偏腿坐在了条案上,望向窗外,很惬意,"我喜欢坐在这里俯瞰,眼前的一片石库门建筑都是1929年建的,很有老上海的韵味。想想再有10年,就满一百年了。我当初看中这个视野才选的这套房子。"

在宽敞的阳台上,在绿植和白色雕塑的陪衬下,坐在条案上的这个女孩,完全沉浸在对眼前的海派风情的沉思中。

戈壁挑战赛的铿锵玫瑰

若说读过六所大学没什么,若说成为投资界女神也没什么,可是参加4天120公里的戈壁挑战赛,可是震惊了许多人,不仅仅有女人,还有男人。

"玄奘之路"商学院戈壁挑战赛是在国内外商学院的EMBA学员中展开的一场体验式文化赛事,第一届于2006年

5月成功举办。此后,每年举办。吸引了北大、复旦、中欧、长江、南洋理工大学等国内外知名商学院参与。比赛路段设在甘肃和新疆交界的莫贺延碛戈壁——史称"八百里流沙",比赛可谓极其艰辛,旨在弘扬参赛队员"挑战戈壁"的精神。

1300年前玄奘法师曾经犹豫彷徨、九死一生、最终实现了从坚持到超越的伟大路段——甘肃和新疆交界的敦煌莫贺延碛戈壁,参赛各校的EMBA学员需要在四天的时间里,依靠团队的力量,徒步穿越112公里戈壁盐碱地——平均海拔1500米,昼夜温差极大,大风扬沙,极度干旱缺水。

一般人眼里,长得美、文章写得好的她不会吃苦,怎么可能坚持到跑完,还居然是中欧第一个冲线的女生?大家的惊诧是有道理的,因为他们看不到她背后的数据:她赛前训练的月跑量是400公里、累计总训练量3000公里,够从上海跑到北京了;治伤过程中针灸扎了一万多针,因为训练量太大,生理期都停了半年……

是的,她并不是本来就有运动天赋,她在第一次跟同学们去戈壁给好朋友做啦啦队时,是典型的一提到跑步就反感、坚定地说"跑步会伤膝盖"的那种普通人。

从反感跑步到月跑量400公里,再到戈壁赛的铿锵玫瑰,是怎样的过程?

回忆2014年第一次去戈壁，丁琴说初衷很简单："也是出于义气吧，本来是有同学去跑B队，我去当啦啦队的。有人还劝我：那里不是你们女生去的地方，几天不能洗澡。但是我一到那里，就被震撼了，可能是灵魂里就有的东西，曾经有过约定在那里。一下子就很喜欢沙漠，那种壮怀的感觉：大漠孤烟直，长河落日圆。会被那种气氛所感染，所打动。真的很感慨那种氛围，一下子返璞归真。物质匮乏的状态，反而精神上特别丰富。大家都很热血，那么拼搏。我就很自然地投入，很自然地去跑。"

"可能有人还不太理解，其实我就是这样的人。一个书法家朋友说想送我一幅字，问我想写什么？我说：醉里挑灯看剑，梦回吹角连营。把他震惊了。真的，我骨子里确实很热血，喜欢冲锋陷阵。跑步也是，我对戈壁是有敬畏之心的。"

她为参赛，所付出的努力听起来还是挺励志的，没有什么捷径，没有什么秘诀。

"就靠练啊，单点极致地练，把所有时间、精力都投入这一件事上。我的教练是全国中长跑冠军，也是上海队的中长跑教练，他要带学生去高原训练，我就跟着去了。可能很多人有这份心，却由于各种条件所限没办法去做，既然上天眷顾让我有这个时间和条件，那就由我来做好了。我是中欧第一个尝试高原训练的，也是第一个全职训练的。因为给我的时间不多，距离比赛只有三个月，在前面的选拔赛中我并没有选上，那时我受伤了，都没办法练，勉勉强强跑完了，女生第八。根本没有入选，大家都认为我要落到下届参赛。我说为什么要下届？还有时间啊。还没到终点怎么能中途就放弃？那时是一月份，比赛是五月。我是2月参加高原训练的，没想到三个月就练出来了。"

貌似简单的一句"三个月就练出来了"，背后的艰辛是异于常人的。

"我先是二月上山一个月，进行高原训练，然后三月平原、海边训练一个月，四月去戈壁测试，当时每天的训练量，一天两练，上午加下午应该有四五个小时。每天就是跟着教练按计划跑步,其他什么事都放下来,不是在操场就是在住处,两点一线,没有去过任何一个地方,非常专注。教练还把我的事情讲给他的学生听,他们很感动,一个女生能这么专注。"

"做什么事情都这么专注吗?"

"我大概就是通过跑步这件事开始变成一个专注的人吧,之前我都是特别擅长多线程处理事件,所谓统筹。但因为跑步这件事一点虚的不能有,很实在,是笨功夫。而读书方面我是有些小聪明的,和金庸小说里黄药师的太太冯蘅一样,我'过目不忘',上学的时候,考试前我把书看一遍,第二天基本都记得的,连页码都记得。读书对我来说,是有捷径的,所以总是不太认真,是应试型的。只有跑步马虎不得,我跑过三千多公里,每一步都是亲自跑出来的。因为没有捷径的,这件事磨炼了我,我从来没有这么踏实地做一件事。以前做事,求快,从来没这么稳过。"

"你从运动小白到跑完戈壁赛,怎么会有这么大的爆发力?"

她总结到:"其实我感觉专心做一件事,能量就会聚集。我自己也感觉能跑完比赛很意外,奇迹一样。教练也特别骄傲,说你这是冲击奥运的水准。我用两个月从普通人练到国

绽放的山茶花

家二级运动员水平，真的是奇迹。所以我很感恩，感恩我的教练和队医。好的教练很重要，因为你所有的成绩一定是贴着伤痛边缘走的，贴着极限走，这就要小心，一旦触到极限，受伤了，就得停练，就不会持续爬升，之后就得到从头再来。我受训期间，教练一直带着我向上走，带着我贴着边缘走，又不会触到极限。"

"教练的专业程度很重要。还有专业的队医也很重要。每天跑二十几公里，高强度训练的情况下，肌纤维一定会有受伤，队医的帮助就是会让你受着伤还能继续跑，他会帮你把小伤缓解一下，不至于从量变到质变。我为治疗伤痛扎了一万多针，别的队友在扎针的时候会哇哇大叫，我在扎针床上一趴下来，就跟做spa一样能睡着，心很大，因为都交给医生了。这也归根于我对队医的信任,他知道我肌肉哪里有问题,能帮我肌肉不断生长,体能一直向上走。"

"还有我也感谢我的队友,他们基本都是企业的CEO,都是很有智慧的人,他们喜欢钻研,读很多书、钻研技术,我遇到疑惑就会问他们,他们会告诉我每天训练的重点在哪里,要怎样练才能达到最大训练效果。他们带着我,心甘情愿当我的垫脚石。这让我想到当前很火的运动明星苏炳辉,他第一次拿世界冠军被采访时提到,他取得成绩是很多人为他做了铺垫,成为他的垫脚石。我同样感受到:每个人的成功都不是只因为个人,而是因为后面的一个团队。他们的帮助、提醒我很感恩,如涅槃一样。我之所以跑下戈壁赛,是因为身边的人成就了我。我感恩他们,也感恩父母,是他们给我的好体质。我自己其实没有做什么,只是完成了计划而已。"

"是怎么被选上中欧戈友会形象大使的?"

她颇为自豪地说:"不用选啊,我本来就是女生中最年轻的,也是最能跑的。当然最初我也受到很多质疑,作为一个80后,你真的了解戈壁赛的意义么,你能坚持住么?我就认准了一个道理,戈壁这个地方是认成绩的,只有跑得快,才能被认可。"

绽放的山茶花

"没想到,真正跑戈壁赛的时候我表现得过于轻松了,这也让很多人不解,因为没有表现出他们希望看到的坚强、坚持,有的女生跑完都瘫掉了。而我没有这种状态。他们只看到你轻松的这一面,不知道你之前训练中付出的艰辛。有句话叫作'你必须非常努力,才能看起来毫不费力',配图是一张芭蕾舞者分别穿鞋和不穿鞋的两只脚。记得在操场训练的时候,我请求教练,我宁可你现在虐我,不想到赛场上被对手虐、被环境虐。因为戈壁总时不时就会遇上沙尘暴等极端天气,我们比赛的第一二天就碰到了地表六十五度高温的极端天气,而最后一天还顶着十级大风。好在我赛前在昆明海埂训练中,每天沿着海埂大坝顶风跑,刚好就是抗阻训练。那时,在最靠近海的岸边逆风跑十公里,海浪都能打到脸上。这样到正式比赛,就不感觉那么吃力了。"

那次2014年的戈壁挑战赛,中欧国际工商学院最后跑出了亚军,第一是长江商学院,"我们赢了北大,四天120公里,我们只赢了40秒,想想那是什么概念。很险,但是很幸运。"

对于做中欧戈友会的形象大使这件事,丁琴觉得没什么,只是为了方便出去为戈友会的队员们拉赞助、做公益。她不喜欢对不理解的人解释,可以做的事情太多,每个人的解读不同,她没时间计较。

至于和同学们玩音乐,组乐队,写歌谱曲,歌曲还入选了"戈壁十年原创歌曲大赛"这件事,也是很美好的。

"是我们中欧班上一个北大才子赵昱东为我们班的戈友们写的歌,当时正是我受伤最低谷的时候,他那句'太多撤退,坚持到底才珍贵'深深地激励我。于是借着过生日讨了过来,算是生日礼物。班上另一个同济的大帅哥于正帮我找了一位他唱歌的哥们儿田磊,之前戈九人大的获奖作品《妹子》就是他唱的,三个人乐队搭建好了。没想到他们为我做的这首歌《向前飞》还入选了'戈壁十年原创歌曲大赛'。所以,戈壁给我留下很多美好的记忆。"

训练受伤不能动的时候,她就在家写作,开了个专栏,激励了中欧戈十之后的一大批同学跑步;还趁着天气热去学游泳,天冷了不能游泳就趁穿得多不怕摔去骑脚踏车,于是突然发现她可以愉快地参加"铁人三项"赛了。反正总有有趣的事情可以做,时间不会浪费。

"我也不是一个强人,就是乐观,总不会让自己闲着。"

这大概是她的人生态度决定的。她天性乐观,看事物都是从好的方面出发。觉得没有什么事情是做了会浪费的。就像乔布斯说的:"人生是由一个一个的点连接起来的。如果它

绽放的山茶花

还没有用,是因为时间没到。"

从职场白骨精到戈壁铿锵玫瑰,跑步让她学会谦卑,她的初心一直没变,只是活得更加自我洒脱。以前她是被追求的女人,而现在是被敬重的女人。

国际舞会上的耀眼名媛

2018年的1月,由卡枚连主办的首届上海国际舞会,在上海外滩的华尔道夫酒店闪亮开幕,不仅有很多世界各国的名人贵族、政界商要受邀出席,如英国前首相戴维·威廉·唐纳德·卡梅伦(David William Donald Cameron)、西班牙前外经贸局局长Angel Prieto、匈牙利驻上海总领事馆Bolla Szilard 博岚、法国驻上海总领事Mr. Axel CRUAU、荣文蔚、习晓剑、沈东军、谢玲玲、黄舒骏、顾佳斌、李思卫、胡润、陈光标、陈凛等众多政商名流,还有十位上海名媛在舞会上翩翩起舞,而丁琴就是十位上海名媛之一。

谈起赴会的缘起,丁琴颇为感慨:"本来是受中欧同班同学邀请去做观舞嘉宾,我感觉和我的价值观不一样就没去。两个月后听说临时有人受伤去不了,再次找到我,邀请我救场。我就犯了英雄主义，如去戈壁赛也是，当初是为了给参赛同学做啦啦队的，没想到一不小心就把自己练成了正式队员。当时离开始就剩十天了，国际舞会的每位女嘉宾都需要表演一支华尔兹独舞，一般人来不及学习和训练了，她们需要一位有运动基础能够快速学习的，经历还要足够担当得起'她领袖'的，我的各方面条件比较符合。我和主办方负责人Tina见了一次，发现她有格局，女性创业不易，应该相互扶持。正好我也有空，相信是命运的安排，就同意参加了。"

参加这次上海国际舞会她也有自己的想法：

"这次原本是想代表80后发声，因为我们一直在面临质疑。但好像随着2018年1月1日开始00后集体成年、90后开始登上历史舞台，我们似乎已经不再是矛盾的焦点，来帮自己做个广告吧，目前单身，欢迎追求，哈哈。"

其实这次参加舞会，对于丁琴来说，也是一场挑战。

"当时距离舞会开幕只有十天，1月2号开始学跳舞，1月9号表演，三天学习、三天彩排，就六天时间，我还不会穿高跟鞋，走路都不稳。其间我还因为有伤，左脚一直是麻的。每天练完就去医生那里治疗，全靠意志力撑。其实我除了舞会当天，之前就没有一天跳对过。我是比较松散、很难进入状态的那种人，抗压力强，是赛场型选手。只有当舞会正式开始那刻，灯光一亮，我立刻进入状态，完全看不到四周的人的反应，专注在自己的世界里跳，震惊了我的舞伴，也就是我的教练，他后来告诉我说，当时台下的人都说：'哇，怎么这么美！'"

当乐曲声响起，在华尔道夫酒店绚烂夺目的水晶灯下，她领袖们，身着优雅的晚礼服，舞着华美的乐章。这场将"爱"作为主题，以华尔兹为序、演讲为媒、对话为引的舞会，引领了优秀的女性文化的传播。

从个人角度，她也感受很深：

"通过参加这次舞会，我找到了女性阴柔的一面，以前的我过于阳刚了。我一开始总是容易用力，这怎么能让男伴take me，我只需要柔软就好，需要他来take me，跟着就好。"

对这种感悟，丁琴总结起来也显得有些无奈和好笑：

"其实我很少做这类事情，就如当初去商学院，本来是感觉自己太阳刚了，太强了，不太女性，想去学学怎么做女人的。朋友就说你来错地方了，商学院哪有女人，几乎全是男人，就是有女人也都像男人。想想也是，本来是去中欧学做女人、学做小白兔，结果动不动就亮出爪子，露锋芒。"

用投资角度购买奢侈品

访谈这天,正巧丁琴订购了半年之久的LV旅行箱送来了。

这是一款体型很大的箱子,有一米多长,半米多高,类似姜文导演的电影《一步之遥》中那种LV古董旅行箱。旁边刻有丁琴的名字缩写:D.Q.。

因为箱子体量大,丁琴称它为茶几箱,准备在客厅给安置个位置。

"其实我跑过戈壁赛以后,对浮华的东西不太关注了,觉得生活中一个桌子一把椅子、一个垫子就够了。人生其实本来就简单,有时名牌包在戈壁还不如一个塑料袋来得轻松,我们那时甚至钱都不带,因为没处花。"

是的,她的客厅就非常简洁、空旷,除了沙发、小茶几,就是两张瑜伽垫。没有一般人家的电视和电视柜。

访谈中,她就是盘腿坐在瑜伽垫上的。

"我本来沙发都不想添的,我感觉客厅有垫子足矣,朋友来了,席地而坐。可是有一次,来的艺术家朋友年纪大了,说:我只能站着,没地方坐啊。我才想到还是有一些人不习

绽放的山茶花

惯席地而坐，就为他们添了这个沙发。"

丁琴本来就不追求奢侈品，这次为订购这个箱子才第一次走进LV店。

"这次买LV旅行箱，其实是因为有一次回家，我妈妈说她和爸爸各留了一个樟木箱给我，是他们结婚时候各自带过来的。他们那时结婚很简单，一人一个箱子，凑在一起就是当时的全部家产了。我妈说将来留给我，我就很感动，也动了个念头，想留个以后能传承的箱子。正巧去年年底，LV在上海半岛酒店有箱包展，据说这个旅行箱进中国市场后价钱一直还没调过，我就知道肯定可以买。果然2017年12月付的定金，到2018年2月的时候这款箱子就调价了，涨了45%，而同比同期的股票投资，大跌了50%不止。"

看着LV旅行箱侧面经过数次沟通才印上自己喜欢的字体的名字缩写，她笑着说："想到未来的孙子说：这是我奶奶留下的，上面还刻着她的名字缩写，就算留个名声也好。尽管我还没结婚。参加国际舞会也是，也希望将来的孙子说：我奶奶参加过上海首届国际舞会，还是十位名媛之一。都是为了留点传承的东西。就如我们现在回想100年前，上海名媛复旦的严幼韵小姐当年的闪亮一样。"

"你怎么看现在国人境外疯狂抢购奢侈品的现象？"

她很理性地说:"这是个过程,随着中国经济发展,从物质匮乏到丰盛,再到极简,这是个必然过程。跑过戈壁后,感觉浮华都过了,我开始不停在做减法。我感觉东西用好点的一件就够了,不用太多。正如那句话,你心里满的时候,就不需要太多的东西,只有你的心是空的,才需要很多东西来填满。"

她从未想过戈壁赛会带来那么多体验,这是一次人生的洗礼,改变了她很多。整个灵魂在这个过程里涅槃重生。

之前曾经很不开心,因为快乐越来越少,因为身边能和她同步的人也越来越少。直到2014年去了趟戈壁。她发现跑完30公里戈壁滩,能有西红柿、黄瓜和羊肉汤喝就很满足。

她发现幸福其实很简单,当跑完20公里下来,最大的幸福就是喝口水;而冬天跑完20公里下来,最大的幸福就是能喝到一杯热水。

是的,这位看上去冷傲的白富美,熟悉的朋友都知道,她是可以分分钟和民工一起坐在马路边,啃着煎饼包油条还聊得很开心。

跑步让她学会谦卑,灵魂在这里蜕变。

原来,抽丝剥茧后,人的需求很简单,有张干净的床、能洗个热水澡、喝碗小米粥配榨菜,和一个可以不用多说话

绽放的山茶花

就能懂的伴儿。

像父亲一样坚韧,学母亲一样柔软

认识丁琴的人都会好奇:究竟是怎样的家庭文化造就了如此优秀的女孩子?

"我们南通人很重视教育,南通一个中等城市,只有三百多万人,可是出了将近二十位世界冠军。想想这是什么概念,就是比很多国家出的世界冠军都要多。我们那里的人,就是好强、能吃苦。其实运动员不仅仅靠体力,还要靠动脑,在同样付出的情况下取得更好成绩。'优秀'在我们家属于正常水平。"

父亲以身作则,本身就很优秀,经过政,从过商,也治过学,在经济研究上很有造诣。

尤其是父母感情的深厚给了丁琴以力量,"他和我妈妈的感情很让人羡慕,当初北京商学院要他留校做老师,他尊重我妈妈意见,还是回了老家。在生活中不仅很照顾我妈妈,也很尊重我妈妈。他们相濡以沫一生。"

"我的一个朋友在医院见了临终前的我爸爸,清癯、坚毅、大气、超然,说:终于明白,你为什么对男朋友那么挑剔。"

其实,她16岁就独自出来求学,离开家的时间超过在家的日子,和父母交流不多。她承认,并不知道怎么与父母和平相处,每次回家最多三天,最长春节待到五天已经是极限,一到年初三就会赶紧逃跑。

她觉得自己曾经是个不懂得表达爱的叛逆孩子,当父亲被诊断为胰腺癌晚期的那一刻,她才惊觉原来生命是可以用天来计算的。独生子女的她意识到一家之主的父亲如同一艘触礁的大船正在下沉,她毫不犹豫扛起原本在父亲肩上的担子,变成了守护这个家的人。

第一时间在医院附近安顿好房子,就近治疗,哪怕医生说可能只有几个月,她也要做好长期作战的准备,因为这是信心问题。她要给父亲信心。

一家三口在一起的最后七个月时间里,她们没有请过一天看护,心无旁骛和妈妈用全身心的爱,去陪伴和照顾父亲。因为她明白,只有发自内心的爱,才会给父亲支持的力量。这也许注定是一场不会赢的战争,但她要陪他一步一步走得有尊严。

深入骨髓的苦痛会令人成长,有些是自己找的,有些是老天给的。苦难与成长总是相伴相生,但只有坚持下去不放弃，凡事尽力而为，才会没有遗憾。

看到如此能干，能在重要时刻挑起重担的女儿，父亲欣慰地说：放心了！

虽然，她尽心尽力地陪伴父亲到最后，现在回想，她还是心留有遗憾。

"如果能早点明白，我会早点打开内心，大声对父亲表达我的爱。中国人很多家庭都羞于表达，一般都用行动表示，嘴上不表现。如果重来，我会好好表达，也好好陪他看看书，看看电视。"

父亲是2016年，在66岁的年纪走的，"他走的时候，很坦然，很勇敢，很大无畏，他骨子里有如我们古代的'士'的精神。他得的是胰腺癌，其实很痛的，但他从头到尾都没有说过一声痛，一直微笑着的，特别能忍。麻醉师都为他流泪了，他对我说：你可能不知道他有多痛，我是知道的。所有的医护人员都发自内心的钦佩他。这点我也遗传了我爸爸，特别能忍。其实我应该学我妈妈，柔软些，该流泪就流泪。"

永远跑在自己的前面

站在显眼的地方等你

丁琴说她欣赏香港那些大家族的女子。即使年过40还保持很好的运动状态,手臂紧实。看得出她们对自己是有要求的。家里也许不需要她们去打拼,但是她们时刻准备着,在有需要的时候,她们随时可以接棒。

她自己何尝不是。身上储备着巨大的能量,但是也会娇嗔,还是乐意被保护,可以支撑得起一个家族的稳定祥和。

可这也给她造成了困扰,为什么很难碰到身高、长相、财富、爱好和格局相匹配的对象?

"天真的人,不代表没有见过世界的黑暗,恰恰因为见到过,才知道保持天真的好。不喜欢在聚光灯下,可我找不到你,只好站在显眼的地方让你找到了。"

这是丁琴给自己写的一段话,言语之中流露出的,满是温柔的力量。

她说她最喜欢家的地方就是厨房,那里满是温柔,可以尽情表达自己对家人的爱。

有人说,爱情只是一个奢侈品,不是每个人都一定要拥有。

可丁琴说"即使说爱情是奢侈品,对于我来说,只要真爱过,也没什么遗憾的。"

那就祝福她!

因为满是希望,所以走路的脚步充满力量;因为心内柔软,所以善待每一个人。

当送货的小哥来,她接电话,很温柔地告知对方居住地的细节,不知道的还以为是有朋友来访。拿到货,她会说:天太热了。辛苦,谢谢啊!

这样以温柔待世界的人,内心也是柔软而宁静的,是只有经历过惊涛骇浪后的温暖辽阔,才有的足够包容和坚定。

前一段时间,她在理疗的时候,被理疗师烫伤了,很严重。把理疗师吓坏了,可是她却安慰她:这不是你的错。

她非常包容地说:"权当一次老天对真爱的考验。"

"上了药之后脸是挺可怕的,一眼看上去像是一个大黑痣,让我忍不住想到《济公》和《聊斋志异》里面那些脸上有胎记嫁不出去的小姐……这还是挺考验心理承受能力的,虽然本来不太担心的,还挺乐观,想好大不了以后那里就贴金色的文身贴纸,蛮好看的。就怕不是疤,而是和去年宁海UTMB50公里越野赛膝盖摔跤后留下地鼓起的红色疤痕,那就麻烦了。"

"我知道老天这样安排是有道理的,爱你的人不会因为你多块疤就不爱你,不爱你的人也不会因为你没有疤就喜欢你,其实没差别的。它在帮你摆脱花瓶的束缚。观望的走开,真爱留下。何尝不是一种解脱。"

如此包容他人,如此宽心看待世事的女人实在少见。

温柔待人的女人,愿你被全世界温柔以待。

人生的第二曲线

父亲去世后的两年,丁琴处于迷失状态。亲人离世是堂人生必修课,她感觉似乎失去了奋斗的目标,该有的都有了,世俗的成功标准,学业、事业、房子、车子,她不知道下一步要追求什么。

"可是年初这次参加舞会让我领悟到,能量是要释放出来的,憋着会伤,如去阿尔卑斯山,去西藏阿里,都是一种释放。"

"现在再出来工作和读书都是一种释放。我现在非常认同许小年教授常说的:书,多好看啊。"

她坐在茶几旁边的垫子上,拍着茶几上的一本书,"目前业余主要在读书。这本《原则》真的很好看,作者Ray Dalio是美国最大的对冲基金Bridgewater桥水公司的创始人,这个公司现在管理着1600亿美元的资产,是多年以来回报率最高的对冲基金之一。Ray的个人资产有180亿美元。他是开悟的人,这本人生和工作经验总结是写给自己的后代看的书,是给公司的继承人看的书,但我不是从投资角度看的,书中不仅有人生经历,工作原则,还有生活原则,读了真的收获很大。"

她又谈到另一本书《第二曲线》。

"管理思想大师查尔斯·汉迪在阐述他的'第二曲线'理论时说道:当你知道你该走向何处时,你往往已经没有机会走了。他是在一次旅行途中悟出这个道理的。他向一个当地人问路。当地人告诉他,一直往前走,就会看到一个叫Davy的酒吧,在离酒吧还有半里路的地方,往右转,就能到他要去的地方。在指路人离开之后他才明白过来,指路人说的话一点用都没有。因为当他知道该从哪儿拐的时候,他已经错过了那个地方了。汉迪把从拐点开始的增长线称为'第二曲线'。任何一条增长曲线都会滑过抛物线的顶点(增长的极限),持续增长的秘密是在第一条曲线消失之前开始一条新的S曲线。这时,时间、资源和动力都足以使新曲线度过它起初的探索挣扎的过程。所以,企业应该不断穿越,在达到巅峰之前,就开始追求第二曲线。人生也一样,要不断打破,在快到一个顶峰的时候,准备下一个曲线。"

丁琴本身确实是这么做的,她喜欢挑战,不容易满足,不愿意停留在一个舒适区。刚到达一个点,就定了下一个目标。

有朋友说:"你现在到这里已经很好了,怎么不满足?"

"我不习惯待在舒适区里。偶尔享受一下就够了,我喜欢挑战,总喜欢有目标去攀登。其实所谓成功,是看付出的。我和同龄人比,放弃了很多,如婚姻、小孩,所以我就有很多时间和机会,把30岁活成升级版的20岁。其实哪有什么优秀,有的不过是比别人更能拼命而已。公众往往只会看到展现出来的光鲜的那面,但其实波峰和波谷是相等的,台上聚光灯有多亮,台下的阴影就有多黑。成功的道路上并不拥挤,因为能坚持到那里的人不多。"

我的人设是 007 邦女郎

丁琴修整一段时间后,再度出发,这次工作,"不再是为了钱,做喜欢的事情,以开不开心为原则。"

"现在一家商业公司工作,把时间花在对的地方,和一些有情怀的人一起工作,每天都是愉悦的,周围都是90后,我与他们没有代沟,是90后最喜欢的小姐姐。开心的是每天做大爱的事情,去做扶贫项目,能量场是正的。"

"听说,你参与了很多公益项目,你怎么理解慈善呢?"

"我的理念,是做对别人有益的事情。但我认为做慈善授人以鱼不如授人以渔。2012年,有个中欧国际工商学院的同学在参加一场马拉松比赛时倒在了距终点200米的位置上。事后大家纷纷捐款、帮助这位同学的家属。但也有位同学受启发,成立了急救培训和生命救援机构'第一反应',这些年,他们成为上海国际马拉松赛、无锡国际马拉松赛、大连国际马拉松赛、商学院戈壁挑战赛等重要赛事的救援保障机构。如今已经为100多场赛事提供救援保障服务,成功挽救了很多发生紧急状况的选手和观众。最近传播很火的一条微信视频,如何在心脏骤停等突发状况下自救,就是他们弄的,我觉得这类授人以渔的项目非常有意义。"

"怎样平衡工作和生活,日常是怎样的生活状态?"

"其实之所以前几天去做理疗,是因为前面的工作强度太大了。一般人是工作五天休两天,我上课加工作,相当于工作12.5天休息一天。强度是别人的五倍,所以我跑得快是正常的。对于目前的状态,我不太满意。因为身体受伤手术休养,半年不能运动了,之前完全是18岁的状态,不过我会回去的。"

她信心满满地给自己加油,俨然十八岁刚入大学的样子。

目前,丁琴在攻读博士学位,方向是企业战略,"战略可以让企业做更大更强,我希望未来自己成为战略学者。很多企业成功,都有背后的原因,往往和长远的规划分不开。有家市值200亿的上市公司,邀请我去做首席战略官,因为他们的目标是六年内做到一千亿,开到千万年薪,我说等我伤好能全力以赴的时候。"

谈起未来规划,丁琴是充满激情的。

"我真的精力旺盛,能量巨大,需要释放的平台。人都会找人设,我的人设是007邦女郎那样的,不仅仅是美,还要有脑。例如布拉德皮特的新女朋友不仅美貌,还是麻省理工教授;例如乔治克鲁尼,女朋友是知名大律师,集美貌和智慧于一身。我希望成为这样的女性,不光靠脸,关键还是靠脑。"

绽放的山茶花

幸福快乐才是生命的繁盛

访谈间隙,丁琴又收到一个快递,原来是远方的一个女孩寄给她的烫伤膏。

她很感动地说:"我运气真的挺好的。总遇到好人。这是一个没见过面的女孩,得知我烫伤了,就给我寄烫伤膏。真的好感动,这就是缘分,我遇到的很多人都很好。我很感恩。"

"是因为你的修为使然吧?"

她平淡地回复:"是一种场吧。"

她一直抱着这种谦虚、感恩的态度看待人生。

"每个人其实都很渺小,是人类进化史中的一粒小小的分子,但是这些小分子累积起来才能构成社会大的进步。我也希望我的所作所为能有助于促进社会进步。"

看到她脸上还在泛着红的烫伤疤,忍不住问:"女孩子都爱美,你对美是怎样认识的?"

"以前,因为长得美,很容易受到嫉妒,甚至轻视,以为我是靠长相赚钱的,这次受伤,感受到了别人的目光,有怜悯和同情，也不错啊，也是一番别样的体验。发生这样的事是有原因的，我不是一直要证明不是光靠脸吃饭的吗？我读书读到博士，跑步跑到戈壁赛女生第一名，大概潜意识里就是想证明我不要靠脸吃饭，这些成功都是要靠努力才能得来。所以这次受伤让我更平淡，反而不那么在意外在的美了。"

看着她处于这么好的状态，很多人会羡慕她。

"那你心目中理想的生活是什么样？"

"我对理想生活的定义，就是幸福快乐，所谓生命的繁盛，很大程度上是人际关系的和谐，周围人都爱你，以及有一个很好的家庭。这点我爸爸几乎都做到了，他虽然没有每样做到极致，但样样都体验到了。我妈妈也做得很好，我爸爸在的时候，她享受做小女人的幸福，父亲走后，她把自己的生活也过得丰富多彩，积极乐观，热爱生活，充满感染力，身边每个人都喜欢她，还有很多邻居喜欢找她聊天开导。她活在当下，感恩知足，年近七十，越来越逆生长了，像五十多。我越来越爱她、欣赏她、钦佩她。有这样棒的妈妈，是我最大的福气。"

经历过生命的起伏，体验过生活的美好，不同于其他人，丁琴身上的温柔平淡中带着某种力量，那是不慌不忙的坚强与勇敢，是生命赋予她的最强大的力量。

04 | 彭玲
睿智地彰显"女性力量"

因"舞"蝶变

作为浦东政协委员,彭玲积极地参与一些帮助女性的工作。她觉得,女性相对男性肩负的责任更重,承受的压力更大。女性在家庭中起到的作用甚至比男性还大,所以女性更需要抱团取暖。她很乐意去帮助、启发女性,让她们更自强自立,更热爱这个世界。作为国家关工委"巾帼创业就业圆梦行动"讲师,彭玲也经常到创业单位和一些学校,给女性企业家初创团队、女大学生讲课,鼓励她们勇敢走出去,绽放自我;鼓励她们自信,提升女性领导力,平衡事业和家庭的关系等。她认为,多给予她们一些培训和鼓励更重要。以往做公益只是捐钱,现在感觉捐时间去付出,更有意义,可以影响更多的人。

"人不会老去，直到，悔恨取代了梦想。"这是哑剧电影明星约翰·巴里摩的一句名言，也是我们今天的主角——莱蒙国际创始人、董事长总经理、国际著名健康养生专家彭玲的座右铭。

面对这位被誉为"中国首批定制旅行及健康旅行开拓者"的美丽女士，没有人不被她身上洋溢的活力、智慧、优雅、美丽所吸引……

她说："追求梦想的激情是最好的抗衰老药"。看到她，谁还能不信呢？

彭玲是莱蒙国际的董事长，莱蒙国际是一家集经营商务旅行、健康、教育等多项产业为一体的企业集团。作为该企业的"掌门人"，本着多年来逐步形成的"予人、诲人"的精神，在为诸多客户提供便利的同时，她也为自己的员工营造了一个温馨的"家"。

绽放的山茶花

将健康与便利带给他人

曾经,《Jane Eyre》深深打动了本就爱美而多梦的她,所以考大学时选择了英语专业;曾经,大学的三尺讲台是她的花圃,十年的耕耘,桃李芬芳。生活的一切是既定的方向,但是去看看那个"很大的世界"的愿望、那个梦里的"诗和远方"一直吸引着她。她真的放下了一切,走出象牙塔,开始了梦的起航。

彭玲之所以放弃一份令人艳羡的工作,开始创业,是源于她的进取心。

莱蒙国际名字的灵感起源于欧洲第一大淡水湖-莱蒙湖。莱蒙湖是德国人及其他欧洲人对它的称呼,它还有一个名字,那就是日内瓦湖,比起莱蒙湖,日内瓦湖也许更加出名。那里是欧洲旅行的发源地,三百多年前欧洲的皇室来

旅行，当时他们就是到瑞士阿尔卑斯山，那里有矿泉水，还有温泉，又可以滑雪，这个湖又大又美。所以当时他们来旅游，就是从日内瓦一直沿着洛桑，蒙特尔到茵特拉肯。

基于对欧洲的感情等因素，彭玲将她的企业命名为莱蒙国际。

值得一提的是，彭玲的莱蒙国际准备做一个中小企业孵化园的项目。该项目主要是为更多想到德国创业的中国人提供一切必要的服务。包括提供场地、配套设施等，同时帮助在园区内的企业完成在当地的注册，甚至是包税、包物业及物流。该公司此举的目的是为了架起中德经济合作的一个桥梁，帮助更多中国的企业走出去，帮助更多德国的企业走进中国。在德国开的中国园区很少。这个项目早在开始前便已经得到了莱法州的大力支持。该州的副州长曾于2017年到上海来拜访过彭玲，与其一同拜访彭玲的还有该州的几个部长级高官，他们此行的目的就是希望有更多的中国的优秀企业可以到德国去开公司，能够跟德国做进一步地合作。

莱蒙国际跟慕尼黑大学、慕尼黑商学院、慕尼黑工业大学的MBA、EMBA课程部都有过合作。该中小企业孵化器计划一旦实现，对中德经济交流与合作将是非常重要的事情。这不仅能帮中国人到欧洲去创业，也能帮助德国人创业。

绽放的山茶花

将爱心带给孩子们

彭玲热爱教育事业,创业前从事教师工作,拥有近十年的教龄,曾拿到部级"优秀教学"奖和"优秀论文"奖。直到现在,她还兼任上海海洋大学外国语学院、上海对外贸易大学、湖南女子大学客座讲师,彭玲觉得教育能够影响很多人。

最近几年,彭玲的莱蒙国际开展了一些与教育有关的项目,彭玲把教育当作公司未来的重点去打造。

彭玲觉得教育很重要,而且中国的教育模式现在要跟国际接轨,还有很长的路要走,如果只靠家长、国家教育,那是完全不够的,还需要社会,需要社会的很多人去关注孩子的成长。不能让这些小孩只接受中国的应试教育,孩子的沟通能力、孩子的价值观、孩子的世界观,更需要注重与培养。

彭玲非常认可巴菲特讲的一句话,他说"一个孩子的未来,其实是取决于原生家庭给他最早的价值观和世界观的培养"。这一句话令彭玲特别受震动,马化腾、马尼拉,或者是

现在的Facebook的扎克伯格，他们的作为就是跟他们从小接受的价值观和世界观教育分不开的。但是我们中国很多的家长恰恰忽略了孩子们的价值观、世界观的教育。巴菲特是一个非常成功的人，但他仍然觉得家庭教育很重要。

当然，家庭教育、社会教育、学校的教育都重要。彭玲认为很多家长往往是责怪学校，觉得孩子不成才就是因为学校的教育不好，其实孩子是真的需要整个社会去关心，从家长到社会，再到学校，学校其实是排在最后的。其实你的孩子生出来，他的第一任老师就是父母，就是父母给他的教育。彭玲要做教育旅行，就是遵循："父母在，不远游，游必有方"，每次出去有一定的方向和明确的目标，不是为了旅行而旅行。

莱蒙跟德国、西班牙的一些足球俱乐部及网球俱乐部合作，好比美国的童子军夏令营，美国把相当于五六岁的孩子扔到那个农庄里，当然他们老师在监控，在可控制的危险和风险的范围里，那些孩子的生存能力非常强。另外在英国的夏令营，把孩子放到两百多位国际生里面，包括西班牙、德国、美国、瑞士、法国的孩子。让这些孩子与这些国际生一起生活、学习一段时间，从小培养他们的国际化视野，包括他们的沟通、组织、思考、学习等能力，让他学习进步。所以莱蒙做的游学跟很多社会上的不太一样。

彭玲是做教育出身的,更注重对一个孩子的生存能力、沟通能力、世界观、价值观、鉴赏和审美、获取幸福能力的培养。莱蒙还有阿尔卑斯山的户外亲子游项目,就是父母带着孩子去徒步,让孩子们自己去亲近这座山。切切实实地体验到而不是说只是去游览观光,体验和看是完全不同的。这样,更多是从多方面来培养孩子的能力,而不仅仅只是为了读名校。

古人云:"读万卷书行万里路",行万里路是很重要的,以往中国的基础教育只注重读万卷书,其实行万里路更重要。读万卷书是让你看到金山,行万里路是让你到达金山。

彭玲喜欢做教师,还是因为跟讲台有感情,她觉得教育可以影响更多的人。彭玲说自己年轻的时候能影响的就是一个班,只是一个孩子或者就三四十个人。但是现在整个中国教育市场那么大,她觉得她做教育可以影响更多人。她觉得对社会产生积极、正面的影响是她做企业的宗旨。

彭玲说:"我觉得在这个社会不同的人有不同的能量,当你的能量到达比较高的时候,你可以选择自己做企业,当你能量没有达到较高程度的时候,你就只能选择在这个企业好好做,当你的能量可以影响到更多人的时候,你可以有更高的选择。"

彭玲推崇"厚德载物"的理念,德要与作为相匹配。莱蒙还成立公益基金为贫困家庭送去温暖。"莱蒙生命之光"公益基金是2012年在原上海市委副书记陈铁迪的关心支持下成立的。她当时是上海慈善基金会的荣誉主席。

她说:"每个人对成功都有着不同的定义。于我而言,能将自己的爱好、事业与信仰相结合,是最大的成功。最初创立莱蒙品牌,很大一个原因是源于自己对旅行的热爱。在事业取得成功之后,我开始思索如何更多更好地付出爱,所以,2012年,在我的倡议下,'上海市慈善基金会·莱蒙生命之光'专项基金建立,旨在利用自己及莱蒙品牌的号召力,集聚众多企业家、名流、明星等社会力量,筹集善款,帮助家庭贫困的需要造血干细胞移植的白血病患儿走出痛苦,恢复健康,重拾生活的信心,这便是我的信仰。"

上海慈善基金会也非常支持彭玲的公益基金。每年彭玲做慈善晚会他们都会有人来帮彭玲助威。每年大概是3-5个人接受基金的帮助。不限地区,只要符合"三证"要求,就可以申报,到现在,基金会帮过广东、四川还有沈阳、安徽、上海、湖南等地区的患者。

绽放的山茶花

将温馨带给员工

彭玲的公司力争通过自己的努力为员工提供一个温馨的家,将员工的心彻底留在公司。在彭玲看来,如果要让员工愿意跟着公司一起发展,最重要的便是抓住员工的心,如果员工的心不跟公司在一起,即便公司想尽一切办法将某些员工强行留在公司,也无法留住他的心,他也无法施展自己的才华。

彭玲的公司时刻想着为员工打造一个更好的平台,让员工能创造更大的价值。彭玲认为,一个好的老板应该让员工在公司得到成长,员工也得到物有所值的待遇和报酬。

为员工打造一个更好的平台,让员工实现更大的价值是公司企业文化的一个重要的组成部分,在企业核心价值观上,第一条就放了关键词"诚信",诚就是忠诚,信就是相信,她认为一家企业想成功,一个人想成功,核心价值观里头第一个"诚信"是必须要做到的。第二是责任,第三是正直。为什么要正直呢?他们公司女员工比较多,占了70%。如果一个企业文化里面没有正直这一块,这个企业就很难有凝聚力。

所以她在企业文化里面特别强调正直，还有进取。她很希望她的员工都爱学习，因为这个社会发展的特别快，如果一个人没有了进取心不去持续学习，他很快就会被淘汰，另外就是感恩。她觉得作为一个企业也好，一个人也好，把爱心放到核心价值观里，这个企业才能走的长远。如果这个企业只关乎自己的

发展，或者每个人只关心自己的前途，没有爱心的话，企业的凝聚力，还有企业对社会的影响力也不会很大。所以他们的企业文化总结下来就是十二个字：诚信，责任，正直，进取，感恩和爱心。

公司招人进来，首先这十二个字他们都有题目考核，应试者对这十二个字认不认可，在他的职业生涯中，这十二个字是否很重要，三观一致，他才能参加复试。他们的企业文化里头，这几点都不是去抄袭别人，而是他们在这么多年做企业的感悟。因为理解了才知道这十二个字对一个员工，对一个企业的重要性。

彭玲曾经做过老师，她认为她现在做企业就跟当老师一

样,就是喜欢演讲,给员工讲企业文化,他们这个行业其实人员流动很大,他们公司相对还比较好,留下来的这些人基本上都是大学毕业就进公司的。彭玲觉得企业文化很重要,要想真正做大做强,首先得用心打造企业文化,用强大的企业文化,才能把公司平台打造得更好,以此吸引员工愿意一直留在平台上。

彭玲的思想来自她的经历

彭玲在经营企业过程中所拥有的"予人、诲人"的思想与其经历有着密切的关系。

首先,互相关爱的家庭文化为彭玲的思想奠定了坚实的基础。

彭玲生活在一个大家族里,这个家族非常重视文化传承,这个家族强调,代代都要有有出息的人,这种观念深入到每一个家族成员的内心。这种观念从祖辈传到父母辈,再传到彭玲一代,薪火相传,把家庭打造得非常好。要成为有出息的人,必须要懂得吃苦,这比给孩子物质上的财富更重要,不要让孩子只是吃物质上的苦头,更重要的是要吃点精神上的苦头,有意识的挫折和磨难。

互相关爱是这个家族的一个重要的特点。在家中,每名家庭成员都有一个很好的定位。比如彭玲,在家中的定位就是一个女儿,而不是董事长,可以对父母撒娇,也要对父母尽孝。彭玲家的每个家庭成员都认为,如果找不到一个很好的定位,家中必然会出大问题。在家族文化的传承过程中,彭玲的奶奶无疑是起到了举足轻重的作用。彭玲的奶奶以自身的行动诠释了家族文化的核心内容。

彭玲的奶奶,可以说是为子女们、孙辈们奉献了一生,彭玲觉得奶奶的一生真的是太伟大了。彭玲是第一个长孙,那时奶奶不乐意让别人去带彭玲,她就把工作给辞掉了。可结果没想到,之后孙辈一个一个接着来,她后半生就完全奉献给了六个孙子辈。彭玲觉得奶奶对他们的影响是非常非常深远的。

彭玲从小就跟奶奶一起生活,世界观和人生观都是奶奶教她的。比如说懂得去爱。彭玲是奶奶带大的第一个孙辈,下面有五个弟弟妹妹。奶奶管教的时候,有严厉的一面,像吃饭不说话,说话不高声,笑不露齿,饭一粒都不能掉桌子上,全部要规规矩矩坐在桌边吃。当奶奶在执行家教的时候彭玲会当她的助手,去配合她,管教弟弟妹妹。

奶奶是很有智慧的人,她从小就跟彭玲讲,你是最大的孩子。你的一言一行,你的成就大小决定了你的弟弟妹妹的成就大小。她说你不是为了你一个人,你是我们整个家族这一代的榜样,如果你将来很优秀,你的弟弟妹妹也会非常优秀,你如果不上进,读书成绩不好,各方面都不好。那你的弟弟妹妹也好不到哪儿去。在奶奶教导下,彭玲从小就想要做弟弟妹妹的榜样,对自己的要求比较高,成绩不敢掉前三名,一直当班长,从小学当到大学毕业。后来也做过学生会主席、团委书记,从小锻炼了组织能力、统筹能力。彭玲也有文艺天赋。

在彭玲的带动下,弟弟妹妹都是很有出息的,家里面出了一个博士两个硕士,有医生,有老师,两个弟弟都是创业的。

家庭和睦是幸福的源泉

"榜样"的教育观念也在彭玲对女儿的教育中延续。彭玲事业比较忙,没办法像其他母亲那样时时陪在女儿身边。但彭玲说:"你要活成你女儿的榜样。我觉得这样就是最好的母亲。"彭玲觉得让孩子学会去爱是很重要的。彭玲从小把爱的种子播种给女儿，让她知道爱己然后爱身边的亲人和朋友。

彭玲在女儿很小的时候鼓励她自己把书包整理好，把鞋带系好，做所有她自己能做的事；承诺给女儿最好的教育，只要考得上，斯坦福、哈佛都支持女儿去；从女儿12岁起就送她到德国、加拿大、美国等地去体验生活，培养她国际化的视野。在女儿求学关键的时候也会陪在女儿身边，比如她小学升初中、初中升高中，包括申请哪个学校、她第一次失恋……在彭玲教育下，女儿很懂事，也很爱妈妈。

"妈妈的一个眼神就把她勾回来了。"2014年她放弃了纽约的一切，带着美国的老公回到上海定居了。就是希望能陪在彭玲身边，然后在公司帮母亲，彭玲很欣慰。

彭玲对员工也是言传身教，"你要求他们，那你也必须要做到，"彭玲公司今年开始实行早五分钟文化，就是不管你开会也好，上班也好，还是你去见客户，你都要比客户早5分钟。上班就是九点打卡,彭玲自己也会早5分钟,8点55打卡。

奶奶教彭玲"人善人欺天不欺",她相信这句话,就是"恶有恶报,善有善报"。

她初到上海的时候,没有一个亲人,没有背景,而她能把事业做到今天,靠的是什么,靠的就是她的善良、热情和乐于助人。她的善良让她交了很多朋友,这些朋友在她创业过程中,在她的企业遇到困难的时候都帮助她。彭玲觉得一个女人最重要的一点是善良,最  优秀的品质就是善良,但是善良要有一点锋芒,不然可能你的善良就会给自己和别人造成伤害。这些是彭玲通过一些事情,自己慢慢领悟出来的,到现在为止她依然这么教她的女儿,一定要善良,善良是一个女人的根本。

彭玲父母八十岁的高龄还能随她去世界旅行,彭玲和弟妹们在父辈的影响下都是"抢父母"的,都希望父母到自己家住。清明节陪父母回湖南老家扫墓,过年回家陪父母过年。尽量满足父母的愿望,让他们按着自己的节奏生活。父母开心健康是彭玲最大的心愿。

现在彭家家族成员散居各地，尤其新成员有美国的、香港的，但彭家家族的文化传承还会继续。彭家有个群叫作"娭毑的子孙重孙们"，这个名字是为了纪念彭玲的奶奶，湖南人称奶奶为娭毑，用奶奶的名字命名这个群就是希望奶奶身上的品质能一代一代的传下去。彭玲说："我认为最重要的还是道德观和价值观的传承。"

彭玲说："你想要带领一个企业走向高处，是必须具备这些胸怀的。"开公司要面临很多事，比如：你把你的员工培养好了，结果日后你的员工离开了，他还会挖你的人、挖你的客户……这种情况你就要摆正心态，不要怨、也不要恨，要拿得起、放得下。彭玲说："佛教里讲人的八苦，怎么去自己体会是很重要的。有时能增加你的幸福感。"她经常跟她的员工分享这些，也跟她的学生分享这些。

彭玲的求学之路并不是在德国完成的，但彭玲的工作之路几乎是从德国开始的。自20世纪九十年代末起，彭玲正好有一个机会进入德国的一家公司工作。在随后的几年里，彭玲在自己的岗位上辛勤的耕耘，在拿到丰厚收入的同时也学到了很多技能。工作几年后，彭玲决定自己创业。

彭玲的创业道路可谓非常坎坷。在创业之初，彭玲一次赴慕尼黑时被人骗走了一笔钱，随后彭玲与其打了至少五年的官司，至今彭玲被骗走的这笔钱依旧没能拿回来。不过，在彭玲看来，这笔钱拿回来与否都已不重要了。她认为，人这一辈子毕竟会遭受诸多坎坷，不可能一帆风顺。这件事给彭玲带来两个启示，一是做事要贵在坚持，二是即便被骗过也要信任他人。彭玲现在所有的合作，其成功都要得益于信任，无论是跟其他公司开展合作还是雇佣员工，都是建立在互信的基础之上。

值得一提的是，彭玲公司内许多员工都已经是跟随她多年的"老人"了，其中在公司工作时间达到10年以上的就有12人，在公司工作5年以上占到三分之一。在彭玲看来，这些人既然跟了她就是彼此的信任。

在彭玲看来，一个人最大的成功不是赚了多少钱，而是有多少个值得信任的人。彭玲认为，只要有一个幸福的家庭，同时有一大批忠心耿耿的人跟着你，这就是对你努力最大的回报，彭玲觉得自己特别满足。"你的人生快要终结的时候，回过头来看看、想想，你觉得你身边还有多少人是你的朋友，如果有很多，不止一个两个，而是十个三十个几百个几千个，那你就是成功的。"彭玲觉得最大的成功，不是你赚了多少钱，而是多少人需要你，需要你的爱，需要你活着，需要你在意。

彭玲，作为一个现代优秀女性，带领自己的团队不断创新。她让自己做个好女儿、好妻子、好母亲，爱自己的亲人和朋友；她也将极具女性气质的爱、善良、包容、信任融进了自己的事业与团队，温暖员工，温暖他人。她也会留爱给自己，拨冗参加国际舞会，绽放美好。

当被问道：作为上海国际舞会的主角之一，怎样看待女性力量？

她回答：我认为女性是这个社会中非常重要的角色，在家庭、团体中都是至关重要的。随着女性社会地位、文化素质和消费能力的不断提高，"女性力量"正影响着经济、文化、生活等各个领域。女性不仅承担着繁衍后代的使命，也担任着"成功男人背后的女人"这一重要职责，一个家庭是否幸福、平安，后代能否成才，跟这个家庭中女主人的行为处事有着很大的关系。

所以，无论是做事业，还是做人，彭玲就是这样，睿智地践行着"女性力量"！

05 | 张翔
放弃世界名校博士 Offer，90 后学霸女蜕变为女企业家

因"舞"蝶变

作为这次舞会年龄最小的嘉宾，舞会就像是一场自己走出象牙塔进入社会的"成人礼"。刚刚走出校园的她，带着懵懂和期待，憧憬新生活的同时，也怀着惴惴不安的心情，在混沌中寻找真善美的路。在舞会的整个过程中，她不但迫使自己勇敢地走出这一步，走到舞台中央，还让她开始小心翼翼地开始绽放自己。同时，她认识了这个时代最优秀的女性，学习她们身上闪着光忙的品质。

经过舞会的洗礼，她收获了来自家人、朋友的赞美和肯定，越来越多的朋友愿意无私地帮助她，鼓励她。带着这份勇气，她开始新的征程，将自己的公司做得有声有色，团队

更加团结奋进。她越来越明白，真正优秀的女性，是智慧而努力的，并且不断朝着目标去努力，她要向姐姐们学习。

生命短暂，时光宝贵。她说，她想要在接下来的人生中，尽情绽放生命之花。同时，希望自己的力量能够帮助他人，虽然一个人的力量是微不足道的，但是希望能够影响更多的人，能够坚持一生做一株永远向阳的向日葵。

作为上海国际舞会十位"她领袖"中最年轻的90后新锐女企业家，张翔的人生阅历丝毫不逊色：

从兰州大学医学才女到中科院生物系的另类学霸；

期间考取了国家高级爵士舞教练证书；

毕业后成为世界上破解釭鱼基因组的第一人；

还一举拿下美国运动委员会认证教练（ACE）资质……

她一路前行，表现出超乎同龄人的执着和坚毅，她用多彩的方式让生命扬帆起航！

"参加上海国际舞会，成为十个她领袖之一，这个决定纯粹是因为喜欢跳舞吗，还是说你觉得那个阶段挺无聊的？"

"对，是喜欢。"

……

"那考名校呢,是在幼小的心灵中把学习当成了一种快乐,每往前走一步就会有成就感吗?"

"这的确是个快乐的过程,但并没有太多的成就感,这跟我周围的学习氛围有关。我很感谢一路相伴的同学、老师,他们都是积极向上、执着努力的,如果你掉队,你就觉得不属于这个集体。"

"这个孩子将来一定可以"

张翔,是地道的西北女孩,爷爷奶奶是老党员,她从小生长在一个十分传统的家庭之中。父亲是多才多艺的,有着诗人的情怀与气质,影响了张翔的兴趣爱好;母亲是内向安静的,却对张翔有着极高的要求,这份期待给予了张翔不竭的动力;而爷爷渊博的学识则为她在人生道路上的选择提供了许多的建议与帮助。

虽说生长的家庭环境严谨正统,但小张翔骨子里的好奇和大胆却并没有被家庭的固有氛围所束缚,反而从小活泼爱玩,对很多事情都充满好奇、勇于去尝试,敢于追寻自己真正喜欢的事物。

小时候的张翔在父母的悉心栽培下多才多艺，唱歌、跳舞、小提琴，当然，这些大多数都是因为承载着大人们的期望而去探索学习的。但舞蹈是她的心间一直不曾割舍的。

张翔是个极有舞蹈天赋的女孩，加上努力，从零开始学习舞蹈，却迅速跳级，成为老师眼中的种子选手。出于对舞蹈特别的喜爱，少年时代的张翔曾考虑过将舞蹈作为自己以后的发展方向，但家人却认为，对她而言更好的选择是去接受学习教育而不是走文艺发展的道路，虽然张翔心中不忍放弃，但出于对爷爷的尊敬，她接受了建议，从此弃舞从理，继续学习教育的道路。

虽然放弃了儿时的舞蹈梦，但少年时代的学舞经历仍然在张翔的岁月里留下了深刻印记——那时候不善表达自我的她，在舞蹈中找到了内心的归属与激情的释放口，平衡学习与生活。

小学时代对于大多数孩子而言还是懵懂爱玩的年纪，而懂事的张翔却早在勤奋中成为小学霸。张翔还担任班级大队

绽放的山茶花

长的职务，学习与工作能力都不曾停止前进。

追忆六年的小学时光，张翔的心中始终有一个不可磨灭的身影，直到现在，张翔只要回家仍常常去看望她。她，就是张翔的老师。在记忆中，老师是一位体态纤细的瘦老太太，但是精气神十足。老师对学生的要求是严苛的，时常会凶巴巴的鞭策着学生，然而，这位"凶悍"且严苛的老太太却十分喜欢张翔。张翔成为品学兼优的上等生，使老师所有对她的期待都获得了回报。

时间倏忽而过，转眼张翔就是五年级的"高年级生"了。这一年，为了能升到更好的中学，父母为她选择了转学。那天，张翔的妈妈到学校来接她，这是张翔最后一次走出这个校门，等她收拾好从教室走出来的时候，老太太看着她说："这个孩子将来一定可以"。那时的张翔年龄不算大，对很多的事情也还不能尽然理解，但这句简短而不加任何修饰的话她却一直都记忆犹新，直至今天仍言犹在耳。于张翔而言，老师的话语虽然朴素，其中却包含了老师对自己的肯定与期待，老师的音容时时浮现心头，成为张翔前行的莫大动力。

六年的小学时光一晃而过，一天天长大的张翔开始了初中阶段的学习。张翔所在的初中是当地的一所重点学校，然而，她却依然延续着小学阶段的学霸气质，在重点学校名列前茅。幸运的是，在这所学校，张翔同样遇到了看重她的老师，这位英语老师，一直把张翔当作所有学生的榜样，即使在其他班上课时也总会称赞张翔，"你看人家张翔……"即是靳老师的口头禅。在临近中考的一次模拟考试中她英语取得了满分，靳老师便在其他班上课时将张翔作为榜样讲述给学生听，以致有许多同学来借张翔的试卷观摩。虽然看重张翔，但靳老师对张翔也异常的凶狠与严苛，当其他同学背单词不通过时，靳老师不会大动干戈，可当张翔的单词背诵得不好时，靳老师却会非常生气。"严师出高徒"——张翔懂得靳老师的肯定与期待，她在学习上越来越优秀，对自己要求丝毫不懈怠，一直保持在全年级前三水平。

翩翩起舞的非典型"学霸"

"我并不是典型的乖乖女，也很少循规蹈矩地做事情，好奇心重，有很多自己的想法和主见。喜欢的事情都会勇于去尝试，舞蹈、主持、学生会管理，这些事情填满了我的课余生活。"

在踏实勤奋、力争上游的学习同时，张翔也担任着多个学生干部的工作。为同学们服务使她感受到极大的快乐,她既享受着团队合作的乐趣,也感受着为他人服务带来的充实感。

三年的初中生生活将张翔打磨得更加优秀,顺理成章地考入了省重点高中,那是甘肃省最好的高中,能进入的学生几乎都是每个初中的年级前三名,用"群英荟萃"来形容这些学生是毫不夸张的。然而,对于一所重点学校来说,学习成绩永远不是选择学生的唯一标准。在这所全省最好的高中里,汇集了最优秀的学生。这些学生自幼成长的环境较好,因而除学习之外的其他能力也较强。所以,这所学校中的学生所面对的竞争绝不仅仅是学习能力上的较量,还包括管理、交际、特长等各种能力的比较。

张翔这届学生有一千多人,而她的成绩在前一百人之内,顺利被录取,可以说在新生中仍然是十分优秀的。即便如此,激烈的竞争所带来的压力仍然使得张翔的心态难以平静,以致她的成绩在高一高二时起伏不定。

令人意外的是,在这"动荡"的时期,张翔还在坚持跳舞。

她跟着专业的舞蹈队去学习舞蹈,去参加比赛和演出,将来自学校的压力在对舞蹈的追逐中释放,释放着身体,也释放着心灵,张扬着热情,也张扬着个性。甚至直到高三,她仍然在频繁的跳舞，这是她的决定，也曾被父母所反对。

一个真正的学霸从来不会将自己的生活画地为牢，仅仅禁锢于学习的范围。张翔再一次将舞蹈融进了生命的同时，也仍然继续着学生干部的工作，各种社团活动也是她生活的主要内容，赋予生活更多的活力与动力。虽然生活充满着压力，却也是多姿多彩。

张翔是结果导向型的人，她知道自己要的结果是什么，也知道该怎样得到自己想要的结果，虽然会在短暂的时间内将精力分散在别的事情上，但仍然会坚定不移的集中注意力去实现自己的目标。

高二的时候张翔已开始为高考及大学规划蓝图，首先面临的便是大学专业和学校的选择。那时张翔的心中有两个选项，一个是航天航空，另一个是医药学。心向航天航空无关父母职业的影响，而是当时神舟号飞船的发射震撼了全国人民，张翔的爷爷觉得这是一项神圣的事业，从小深受爷爷言行影响的张翔也在不知不觉中从心底里感知到了这份神圣，并心向往之。医药学的选择更是受爷爷润物细无声的影响。爷爷是老军人，但却一直对医学充满了兴趣，直到今天，已是八十岁高龄，老人家每天还在坚持学习，笔记写满了一本又一本。在坚持自学医学的许多年中，每个相处的日日夜夜，爷爷总会有意无意地告诉张翔什么药好、什么东西不应该去吃……而张翔也会跟着爷爷去看一些相关书籍，祖孙俩互动其乐融融。或许是出于对医药学的"日久生情"，张翔最终选择了与医学相关的专业方向，同时，为了离家人更近一些，她将目标锁定在了兰州大学。

天道酬勤，张翔如愿考上了国家重点大学兰州大学。

那一年，兰州大学的录取分数线突然有了较大幅度的上升，成为一本院校中录取分数偏高的学校，而医学相关专业在所有专业中录取分数线更高，在这猝不及防的"双高"面前，张翔完美地诠释了"学霸"一词的概念。

背水一战，进军中科院

进入兰州大学，对张翔来说是欣喜的，因为她实现了自己的选择，"兰州大学里只有两种学生，一种是医学生，另一种是非医学生",医学生的生活比她想象中的要辛苦得多。直至今日,她都十分感谢兰州大学踏实努力、勤奋谦虚的学习氛围,在那段人生最好的时光里,教会她正确的三观,影响了她一生。

学校的学习氛围是十分浓厚的,同学们在凌晨四五点就会去图书馆门口排队占座,那时候,宽大温暖的自习室就是莘莘学子的天堂。早上四五点的兰大图书馆前,队伍已是100米长,张翔也常常是其中的一员,她明白,站在了更好的平台就应该付出更多的努力。

大二时,机遇降临,张翔以顶尖的成绩成为兰州大学两个公派生之一,去山东大学交流学习。在山东大学的一年中,山大学子的精神深深地感染了张翔,使她对"努力"一词有了更加深刻的理解,他们对"现在"的不懈努力、对"未来"的执着追求,都震撼着张翔,给她深刻地触动。

时间一晃到了临近大学毕业,中科院夏令营的集结号也吹响了,每个年级的优等生均可自由申请。怀着一份未知的期待,张翔申请了,顺利地拿到了通行证。在为期一周的夏令营中,来自天南海北的学子们参观了中科院坐落在上海绿树林阴的法租界的校园,来到了中科院的肃穆神秘的实验室,也见到了中科院的威严和蔼的教授们。置身于这学术的重镇,张翔的心中油然生出一股神圣之感,学术的庄严氛围深深地震撼了她。当一周的夏令营生活即将结束时,中科院为所有的营员准备了最后的"盛宴",三轮面试后,张翔成功地拿到了中科院的"小红条",也就意味着老师们认可张翔,可以适当地降低标准考进这所名校,相当于保送,当然,最后成绩证明她并没有降低对自己的要求,足够的分数使她顺利地成了中科院的一员。她明白,今后自己不再拥有优越感,因为同学们的实力多在她之上了。

在参加中科院的夏令营前,张翔带领着一个学校招聘团队,她有留校工作的机会,也有其他一系列的工作机会,考研于她而言只是其中一个选项。这次中科院夏令营之旅激发了张翔内心深处对于学术殿堂的渴望,之前徘徊而模糊的考研目标变得清晰明了,而具体的专业方向则需要跨考,考研的学生们都很清楚,跨专业、跨地区考研,无异于"自杀"。

备考的时间只有一百多天,面对的却是完全陌生的领域,既然陌生,那么就从买教材开始吧!她这样想。这一百天里,张翔专注潜心啃完了四大本专业书籍,每一本都如词典一般厚重。面对完全陌生的知识点、面对紧迫的时间,张翔是有压力的,然而她并没有选择挑灯夜读,而是在正常的时间内将学习的效率最大化，以平常心来应对这场不平凡的挑战。她至今都十分清晰地记得，一起考研的朋友们对她的支持，帮忙在冰天雪地里占座就为让她多睡会儿，帮忙带午餐晚餐到图书馆就为节省她的时间多看会儿书，她的感恩之情，说起来都快要从眼睛里溢出来。

直至后来回顾这场考研的战斗，张翔说："我没有留后路，我在招聘团队里面也拿到了一个高管培训的机会，我当时就拒绝了。"背水一战，这是一个女孩的勇气与决心，也是一个战士的无畏与坚毅，正是这样的勇气和坚毅使得张翔一路向前。

经过一百多天的披荆斩棘，考研这场大戏完满谢幕，张翔也再次为自己赢得了更高的平台。她的考研分数超过了中科院的研究生录取分数线，她，即将迎来一个新的身份——中科院的研究生，而那张"保送小红条"静静地躺在记忆中，不曾被忘却。

"因为喜欢"，考取专业认证

考研结束后，张翔只身来到了北京，一待就是一个月。

在这一个月的时间里,她每天的生活就是早起练舞,到夜幕深沉回去睡觉,晚上回到住的地方时已是筋疲力尽,两点一线,周而复始,单调却充实。

一个月的魔鬼集训结束后,经过舞蹈专业的考试,她收到了"国家高级爵士舞教练证"。她对舞蹈的执着,使她在舞蹈的领域实现了跨越,从业余到了专业。

忆起这段非凡的经历,张翔淡淡地说:"纯粹是因为喜欢跳舞,当然也付出了代价,那就是我的大学毕业季的记忆是空白""我觉得这件事情更有意义吧,我要去经历这个培训,要拿到这个证书,虽然我不需要用这个证书去做什么,但因为拿到这个证,才是这方面权威的老师对你的一个认可。但如果是没这个证,你可能是觉得自己很好,但不知道自己的位置是在哪里,人往往容易迷失在自我满足里"。对于舞蹈,张翔如此纯粹而执着。

硝烟弥漫的高压研究"僧"生活

在中科院开学前,院内的一位老师曾打电话给张翔,询问她是否愿意来袁钧瑛老师门下。

她悄悄地百度了袁钧瑛教授，受宠若惊。袁老师1958年出生于上海，分子生物学家，美国国家科学院院士，哈佛大学医学院细胞生物学系终身教授，中国科学院生物与化学交叉研究中心主任，在专业上的造诣为世所公认。张翔欣喜地接受了邀请，进入上海有机所，在袁老师门下从事人类衰老过程中的神经退行性疾病（如老年痴呆症）的研究。

对于一个学霸来说，当她有更多的选择的时候，意味着她实现了更好的自己，也意味着她为自己赢得了更好的发展平台，这是荣耀，却也是升级的艰难挑战，中科院于张翔而言就是这样一个空间。

在描述这段三年的研究生生涯时，张翔说了四个字——硝烟弥漫。

中科院是学术的殿堂，其学科实力在全亚洲是数一数二的，这自然对老师和学生的要求是极高的。在中科院，如果进去的第一年成绩不合格就会被劝退，劝退学生的比例有时可以达到一届学生人数的四到五分之一。

踏入中科院的第一天，她的老师告诉她，她的上铺是复旦大学的年级第一、下铺是南京药科大学的年级第一、左边的下铺是中国药科大学的年级第一，且都是保送生，只有她，是坎坷地通过考试进来的。面对如此强大的室友，张翔有些慌了。

研究生生涯和她以往想象的、听到的版本完全不同。在中科院，学生们的日常生活除了吃饭睡觉就是做实验、看文章，生活如钟表般周而复始，枯燥而高强度的运作着。

在研究生第一年的学习中，所有的学生是一起上专业课，中科院的学术课堂自由而热烈，学生在几百人的课堂公然站起来质疑、挑战老师是常见之事，学生也同样以自由的表达自我为荣。自由的学术表达折射出来的是中科院学生对自己及自身专业知识的自信，这让接触  新专业仅几个月、跨考而来的张翔内心没有了底气。虽说心中有些没底，但张翔还是选择了艰难前行，她花了一年的时间才适应这样高强度的生活。

在接下来的两年中，日常学习除了上课还要做实验，有时一站就是一天，还得盯着各种仪表仪器。虽然实验室的生活使张翔倍感压力和劳累，但一整天却是满满的充实，她的执教老师在这三年中教会了她很多，关于严谨认真、关于细节的追求完美、关于时间观念、关于实力的沉淀……这些深深地印在她的行为处事中，变成了她性格的一部分。

世界第一个解密魟鱼基因组

三年很快飞逝而过，紧张而充实的研究生生活即将迎来句点，张翔再一次站在了人生的十字路口上，考博士？还是走出象牙塔进入社会工作？一个偶然的机会，张翔开始尝试一种观赏性鱼的转基因优化项目研究，只是还未确定是否要将这作为未来的研究发展方向，因此，她也向国外提交了就读博士的申请，幸运的是，她拿到了英国名校的读博深造的邀约。

然而，她却意外地放弃了博士offer，开始了自己的创业生涯。或许很多人都会觉得张翔的这个举动是疯狂的，但她自己却认为："唯一的选择和自由地选择，是不一样的。有了选择的自由，往往才能遵从自己的内心去做选择"。别人不知道的是，在越来越多的认知过程中，她萌生的强烈地想要自己做一件事情的想法逐渐浮出水面，愈发清晰。于张翔而言，内心的钟情才是最好的远方,在选择自由的前提下,创业是她忠于自己的选择。

魟鱼,是在中生代的侏罗纪出现的鲨的同类,距今已经有1.8亿年历史了。魟鱼身体扁平,略呈圆形或菱形,用形似翅膀的胸鳍以波浪状的摆动方式来游动,宛如在水中飞翔,十分美丽动人。因而,魟鱼主要是作为一种名贵的观赏性鱼类来饲养。据目前已知,魟鱼是现在仅存的两大古代软骨鱼类之一,是十分名贵的。魟鱼最早产自巴西的亚马孙河,若以现在大家熟知的品种来看,南美洲的巴西、秘鲁、哥伦比亚、巴拉圭与亚洲的泰国是最主要的分布地点,当然像阿根廷、越南、新几内亚、中国(海南岛、台湾地区)等也有淡水魟鱼的分布。由于魟鱼的珍贵与商业价值,巴西政府已经全面禁止魟的出口和捕捞,因此,魟鱼将来会更加的珍稀。在学术界,目前人们对魟鱼的研究主要是针对其外在观赏性的,以期能够改善魟鱼的外观,使其更加赏心悦目、更具观赏性,而对魟鱼本身基因及其基因性状相关的研究却是空白。

张翔读研的时候学的是细胞生物学方向,主要以转基因果蝇为模型生物来做与衰老相关的疾病研究。一个偶然的机会,"魟鱼的转基因优化"这一课题强烈吸引了她,她果断开始投入研究,内心有个真实的声音,"这一项目现在还是空白,我想做第一个",吸引与喜爱依然是张翔内心选择的出发点,只不过,这一次不是舞蹈而是虹鱼。

张翔的"虹鱼转基因优化"项目已经开展一年多了。他们成功破译了虹鱼的基因组,揭开了虹鱼的生命密码,成为世界上首个破解虹鱼基因奥秘的团队。他们计划将这件事一直进行下去。

初始,虹鱼吸引了张翔的目光,张翔便随心而择;后来,凭借虹鱼,张翔吸引了世界的目光,仿若水中虹鱼"飞翔"般赏心悦目。

用实力攀登"健康管理"的山巅

在进行科研项目的同时,她还管理着自己的公司。健康管理业务是张翔的公司发展的主要方向,业务涉及美国、日本、瑞士、中国等,在上海也有两个分子生物学联合共建实验室,专门开展基因检测的项目。

基因检测是指通过特定设备对人体细胞中的DNA分子信息做检测的技术。通过它人们可以了解到自身所含有的基因类型和基因缺陷及其表达功能是否正常,从而可以诊断疾病、明确病因，也可以预知身体患某种疾病的风险。张翔选择基因检测，既是基于自己的专业方向，也是受到了来自生活的启示。

"之前学校旁边是一个肿瘤医院，经常会看见穿着病服没有头发的肿瘤病人在医院门口散步。由于疏忽，很多肿瘤患者发现自己生病的时候已经中晚期了，但其实疾病在发病早期完全可以被有效干预。基因检测可以预测到人未来遗传病概率，它可以在你健康时告诉你可能会患的疾病，让你做好准备在第一时间去发现解决问题，而不是等到病情恶化时再亡羊补牢，我坚信这件事意义深远，只要做的基因检测是科学版本而不是娱乐版本"。

的确，世界上的某些国家中已经实现了基因的全民检测，如迪拜。但在中国，离实现基因的全民检测还有很长的路要走，中国的绝大多数基因检测产品属于趣味消费型。通过解读基因密码来实现人类自身更好的发展是必然的趋势。

干细胞巨大的价值及对人类发展的意义和自己得天独厚的细胞生物学背景使张翔决定将其纳入自己的创业体系之中。她顺利与代表欧洲最高医疗水平的瑞士干细胞医院展开合作，设计并完善了针对延缓衰老、糖尿病治愈、乙肝治愈等干细胞保健服务项目。

张翔说："作为公司的创始人，我自己就要成为这个专业的专家和权威。带着过硬的专业素养，才能让情怀走得更远，让人兴奋的是发现自己的提升空间巨大，年轻活力并且热情满满，向国际水平看齐，不断努力学习和充实自己，相信会有一天，我的努力会被所有人认可"。

尽管工作繁忙，但张翔一直以来都没有停止对自身专业素养的提升，继续学习了营养学和健康心理学课程，运动也是她一直在坚持的事情之一，她相信，身体健康活力是一切奋斗的基础。对于自己所经营的事业，张翔不仅要求自己的团队专业，也要求自己绝对专业，她要攀上的是山巅。

创业两年来，她明白了很多，见到了很多，成熟了很多。更加清楚地了解自己的定位，对未来的规划越来越清晰。

"我希望自己的未来，会是人生全垒打。某方面的成功并不是我所想要的，平衡圆满的生活，才会带给我真正的满足感，我也会一直为此努力。"

有人曾说要在"薄情的世界里深情地活着"，这大概就是张翔的模样吧！坚持与自己喜欢的一切在一起，只要心中燃起向往的火焰便开始追逐、释放，她的生活因有内心的喜爱而色彩斑斓；人生的众多抉择中，张翔一直都是自主的在选择人生的轨迹，有的选择在他人看起来是极其疯狂的，但于张翔而言，她的答案往往只是简单的"喜欢"二字，喜欢了便选择，选择了便前行，不问对错，不畏将来，开始时随心而动，不觉处深情飞翔。

"实力担当，人生全垒打"便是她的人生信条。

06 | 顾薇薇
见"薇"知著，从容前行

因"舞"蝶变

女人，只要你想绽放，永远不晚。永远不要失去自我，在生活中一定要找准自己的位置。

把自己的幸福放大，把悲伤和不愉快缩小，这才是最好的生活态度。因为你每天总是看那些悲伤的东西，怎么会前进？你只有忘记这些痛苦的事情，你才能越来越快乐，然后去感染周围的人，让大家都快乐，周围的人也会给你回报。

参加舞会的十个姐妹，每一个人都深有感触，大家都比原先活得光鲜亮丽、活得滋润、活得开心，都在绽放。现在，大家经常会聚在一起，觉得自己相对过去有一个飞跃，境界上的飞跃。过去，我们碰到朋友，或者自己诉苦，或者听朋

绽放的山茶花

友诉苦,现在自己不会再诉苦了,也会开导朋友:你要把自己内心幸福的东西放大,把悲伤压缩,然后遗忘,你才能够越来越开心。我们现在要的不是去品味痛苦,我们要的是多品味快乐,只要把内心的喜悦放出来,我们会越来越开心,越来越幸福。要给自己信心,要给周围阳光,自己才能灿烂。

她叫顾薇薇,出现在上海国际舞会海报上的她,美丽、典雅、自信,丝毫看不出她是一位几近知命之年的女性,也无法想象呈现在我们面前的这份雍容华贵、干练得体,是经历过怎样的千锤百炼,才能成功渡劫、涅槃重生?

她说:"我这个年纪的人,经历过很多事情以后,都看淡了。哪怕遭遇很多的不如意,都能够坦然接受了。"

她所拥有的,是强大的包容的力量,这种"包容"不是说有多伟大,而是能够理解很多的事情,可以放弃自己很多的东西。想到曾经自己经历过的一些事情,顾薇薇笑道:

"面对不如意,能去接受它,这本来就是生命的一个过程,对吧!"

这就是顾薇薇,能够对自己的遭遇一笑而过,对生活充满坦然,同时也充满希望。她不是为别人而活,而是为自己而活,让自己在任何时间都能绽放出美丽的花朵。她保持着纯真的心态,"我就是希望自己的灵魂干净,吃亏什么都无所谓,但我不喜欢自己被污染。"

远赴重洋一心求学,为求立足甘做"外来媳"

顾薇薇出生于上海的一个富裕家庭,母亲是福建籍上海人,供职于一家中英合资的企业,一度做到了公司的管理层,在70年代的时候就拥有120元的月薪,是一位非常能干的女性。她的父亲祖籍苏州,出生生意世家,家族教育严谨,对昆剧、评弹等中国传统文化艺术兴趣颇深,薇薇也深受她父亲的影响,从小便对姑苏文化有着浓厚的兴趣。

"因为我是苏州人,所以能够接受昆剧、评弹这种比较委婉的曲子,感觉苏州话的音调好像更能够体现人的内心的细腻的表达。"

绽放的山茶花

薇薇还有一个哥哥和一个姐姐,但哥哥在她18岁的时候因为哮喘骤然离世。原本在哥哥的鼓动下已经做好出国留学准备的薇薇,面对哥哥的突然离去,开始动摇了:是不是要留在国内,陪在父母身边?细心的父亲,早就看出了女儿的顾虑和犹豫,他告诉薇薇:"你应该选择自己的路,不一定总是跟在我们后面。"父亲的一句鼓励和支持,让薇薇打消了原本的顾虑,1983年,在姐姐和姐夫的帮助下,她远赴日本学习美术,开始了自己的留学之旅。

在她出发前母亲告诉她:"不管你走到哪里,你要照顾好自己。"

从小时候起,母亲的独立和干练,深深地影响着她。初到日本的她,面临着各种各样的不适应,极强的自尊心与当时日本女性的社会地位产生了强烈的撞击,好在她的日语基础比较好,颜值也高,很快便融入学校的留学生群体中。当时日本对中国的留学生非常重视,每月都会举行一两次聚会,在聚会上,像顾薇薇一样的中国留学生都会大放异彩,而在这光鲜亮丽的背后,却也有着不为人道的孤独和落寞。

在20世纪的80年代,在海外的中国人社会地位普遍不高,她意识到自己除了留学生这个身份以外,一无所有。哪怕像她姐姐姐夫这样的日本高校里的教授,依然需要一个所谓的

"保人"存在，他们也需要听"保人"的安排。这位"保人"是个日本画家，之所以答应成为顾薇薇的"保人"，也是想借此能够和中国有更多的交流。因此，当她提出想借在日本留学的契机申请去美国攻读计算机的想法时，"保人"提出了反对的意见。那个时候摆在她面前的只有两个选择：要么委屈自己留下来继续学画画，要么坚持己见、不顾"保人"的反对申请去美国，那样会导致姐姐姐夫受到影响。有着良好家风熏陶和教养的顾薇薇，最终还是放弃了赴美求学梦。各方面都非常优异的顾薇薇，面对美国哥伦比亚大学校长的青睐，她只能婉言相拒。

顾薇薇的第一任先生，是她在参加中日友好协会举办的派对上认识的。在"有钱"和"有颜"之间，她选择了后者，甚至在她嫁进对方家门的时候，这个家庭还负债累累。她只是单纯地认为："没有关系，可以重新开始。"

婚后的生活，远远超出了她所能想象到的辛苦，这是一个四世同堂的家庭，所谓的"家"也并不是在东京，而是在乡下。这和她原来在上海的生活状态截然不同，优越的家庭条件几乎可以让她饭来张口衣来伸手，而眼前的家庭情况让她不敢对今后的生活提出任何的需求。尽管丈夫家里经营着一个小服装厂，但是公公、婆婆空有一手技术，不懂得经营，导致这个工厂的效益也很一般。作为一个"外来"媳妇,在这个家庭中也没有什么话语权,加上婚后她生了两个孩子,单单是家里的家务就足够她忙了,一家老小八口人的吃喝问题全落在了她的身上。有时候先生的姐姐还会将她的三个孩子送到娘家来,她不仅一个人要同时管好五个孩子,还要做好家里小叔每天早上的便当,再加上她白天还要在服装厂工作,一天24小时不停地转,"我几乎是站着睡觉的。在洗手间五分钟,两分钟打个瞌睡再出来。如果不出来,他们会觉得你们中国人怎么这么懒啊?"

这样的生活状态维持了将近八年。谈到自己做的工作,顾薇薇也坦言并不是工厂的管理,而是"什么都做"。因为厂子很小,没什么好管理的,"我一个人可以干两个人的活,我聪明嘛我活跃嘛。但我后来实在坚持不了了,因为我体力不够,每天从早上忙到晚上,后来身体就不行了。"

柳暗花明生意场,八年婚姻终散场

八年时间,她逐渐适应日本的婚姻家庭生活,除了日常照顾家庭以外,家里服装厂里的工作,她也干得有声有色。

有一次她跟着先生去见一个客户，意外发现客户还在做羊毛衫的生意，有着灵敏商业嗅觉的顾薇薇发现客户没有渠道，羊毛衫生产进货仅限在韩国，在中国的市场是零，于是她立刻问客户："那我去找渠道，你们能给我单子吗？"经过协商达成了合作意向。

在征得丈夫的同意之后，顾薇薇就买好机票打算回中国去找工厂，却不料想公公婆婆因此不高兴了，他们觉得她应该在订机票前就跟他们沟通。在他们的观念里，哪怕家里经济再拮据再怎么揭不开锅，作为媳妇，你也应该忍受，而且还要做得比在中国好。然而在顾薇薇看来，她的婚姻是她和丈夫两个人之间的事情，只要跟自己丈夫沟通好就可以了。

尽管面临公公婆婆的阻力，最终顾薇薇还是选择了回国做起羊毛衫的生意。

通过努力，她将日本的羊毛衫生产单子放到中国来做，再出口到日本售卖，靠着这种贸易，仅仅在第一年她就赢利了120万日元，相当于一个日本家庭主妇一年的工资。在往返日本做自己的小贸易的同时，她还要兼顾家族里的生意，还得去工厂上班，哪怕只是义务劳动。对于公公婆婆来讲，媳妇赚的钱也是属于这个家庭的，他们认为这些钱应该全部交给家里来支配和使用。尽管顾薇薇曾尝试告诉他们,做贸易的资本只能攥在手里,利用"滚雪球"的方式,将贸易规模越做越大,无奈的是她的公公婆婆毫无经营的头脑,哪怕是家族生意,只要管理权放在顾薇薇和她丈夫手里就会有起色,一旦移权给她的公公婆婆,立刻又变得毫无起色。

家庭生活的负担、生活观念的不同以及文化差异,对顾薇薇的婚姻来说,也是一颗不小的定时炸弹。8年婚姻,有过矛盾,但也不激烈,夫妻两人之间依然能做到相敬如宾。由于家族生意的关系,作为家中长子的丈夫,需要时不时地参加各种应酬、见不同的客户,再加上丈夫相貌堂堂,与女客户的接触也比较多,这些对于顾薇薇来说都是不小的压力,最终,两人不得不走上离婚的道路。

离婚以后,她和丈夫两人分别抚养一个孩子,而顾薇薇也过上了频繁往来中日的商人生活。

谈到前夫如今的生活,顾薇薇表示为探望孩子会回去看看。当初离婚时,丈夫带了大儿子,而顾薇薇则带着小儿子。原本她是想两个都带走的,但是受到了阻挠,只能做出这样的安排。"他们没有经营能力,这两年公司倒闭了。我每次回去,只要碰到孩子,碰到我婆婆,我总是要在走之前把皮夹子里的钱给他们。我知道他们生活不好,没有能力做生意,但他们是技术型的人,曾给过我很多好的影响。所以,我还是感恩的。"

单枪匹马下商海,女将功成显身手

从原先的以家庭为重,到离婚后的一人闯荡生意场,顾薇薇凭借着她那份坚持不懈的毅力和能吃苦的精神,在服装贸易行业做得风生水起。

要做好服装贸易的生意,除了要有超前的经营意识以外,还需要对艺术有独到理解。她十分感念自己曾经学的是美术,尽管当初是走投无路之下做的选择,却在后来的贸易中让她受益匪浅,无论是在服装颜色搭配还是在和客户交流的过程中,她总是能很快地抓取并且做出符合客户需求的产品,再加上她在日本生活了很长时间,所以对中日两国老百姓衣着颜色的喜好也了如指掌,所以她公司里提供的服装,一旦上市,立刻就会脱销。

她谈到制作时的场景,"因为他们给你的只是一块布料,他把主色告诉你,藏青的黑的白的红的,这四种底色,它上面的颜色要自由搭配……比如那个时候我们有很多的手编衫,特别是到了南通,那边有铺天盖地的手编衫。只要是颜色搭配好了,它就能一下子进入百货公司,就会受到日本人的欢迎。日本的颜色中国人无法理解,中国人的喜好,日本也无法全部都接受。把中国的大红大绿放到那边去,有喜欢的,但大多数的人不会喜欢,但你把它变成日本式的颜色,淡粉色加一点淡绿加一点主色调,一搭配,这就是日本和服的搭配,拿出去,哗……就卖掉啦!"

"走在客户前面"是顾薇薇从商的核心理念,等着客户提需求再去做就显得被动,贸易市场中需要的是主动。随着公司业务范围不断扩大,她在圈内的信誉度也越来越高,也拥有了一定的话语权,不用再像别人一样担心货款不到账的问题。在这一点上,她还是比较感激前公公婆婆的,因为在家族服装厂里的工作经验,让她知道了服装质量的重要性。曾经走过的弯路、受过的苦,最终还是以一种别样的方式回馈给她了。

离婚以后,顾薇薇一直专注在服装贸易行业,那些年,光靠她和一个助手,就曾做到1亿日币的营业额,在那个年代,几乎已经是一个人的巅峰状态了,每年除去日常开销,年底都能节余将近200万元人民币,那个时候汇率和服装贸易都让她获益。直到1994-1995年日本泡沫经济崩盘,她开始意识到贸易行业的风险性而将自己的生意慢慢收起来。

1996年的时候，顾薇薇因为长期工作劳累病倒了，先是眼睛看不见，后是耳朵出问题，持续了将近一周的时间，靠父母的照顾，逐渐恢复过来。养病期间，她也操心着自己的生意，尽管自己无法亲自上阵，也通过指挥助手去完成一些工作。一直到2002年，她的一个客户因面临公司倒闭而无法完成香港公司的订单问题，顾薇薇抱着尝试的心态按下了单子，开办了自己的工厂，制作一些服装辅料。

回到上海的顾薇薇，对商业信易保有十分高的灵敏度。那个时候的上海，跟她出国留学前相比，已经发生了很大的变化。在乍浦路上嗅到商机的顾薇薇，跟亲戚说开饭店会赚钱，结果没有人相信她，反而还说她是神经病。后来，乍浦路成了一条著名的美食街。尽管在当时投入40万就能开一个很好的饭店了，但是想想还是先专心做自己眼前的生意，就放弃了开饭店的念头。

从服装贸易转型到服装辅料的生意，虽说都是相近的行业，但毕竟隔行隔重山。好在顾薇薇在做服装贸易时，不仅积累了非常多的人脉资源，更重要的是她在这个行当里做出了自己的好名声，不是因为她有钱有名，而是客户在中国遇到问题找她都能解决，久而久之，顾薇薇的口碑就做出来了，所以当她从事服装辅料生意的时候，原先的客户自然而然就会先照顾她的生意。尽管这个过程中也会时不时地出现新的问题和波折，但是每次危机的出现都同样给她带来新的机遇。

与顾薇薇一路同行、见证她一路拼搏的，是他的儿子。在母亲的耳濡目染之下，顾薇薇的儿子成长得十分优秀。两年前，日本一家企业在缩小规模时考虑把一部分业务放在中国给他们做，完全是出于看中了她儿子的优秀。

如今，顾薇薇的儿子在上海开办了一个工厂，她负责在后方帮助儿子看厂，主要业务全部由儿子一手在操办，包括顾薇薇自己创办的工厂，也早就交给儿子去管理了。她认为年轻人的思维方式、管理思路更适合现在的企业。一说到自己的儿子，顾薇薇非常自豪，现如今29岁的儿子从大学毕业开始就学着帮她打理工厂的业务，5年国内工厂的管理经验让他成长不少。而对儿子在经商方面的培养，顾薇薇也费了不少的心思，她送儿子去日本，帮客户建立新的公司，跟着日本的一些公司老总一起去欧美市场考察学习，拓宽了他的视野和格局。

聊到儿子的事业，顾薇薇很开心："现如今，儿子在服装贸易和辅料行业，名气超过我啦！"

母子相依度廿载，子承母业开新篇

20多年来，顾薇薇母子两人在上海相依为命，母亲在事业上的拼劲和干练，儿子都看在眼里，长大以后，他也将做生意变成了一个兴趣爱好，将母亲创办的工厂以及自己创办的工厂打理得井井有条，对母亲也非常的孝顺。

她非常豁达与开明，深知如果一味让孩子在自己的羽翼下成长是不行的。于是，她充分给予孩子发挥的自由空间，让孩子在这个新时代下用自己的优势闯出一片天地。

"我已经到了这个年纪，孩子想做就让他做吧，因为本身这些是新的东西，需要年轻人来做的，它需要数据化的管理，而不是靠过去那些旧的思维方式。现在的物联网、数据管理我已经不擅长了。"

在这段时间，其实也有发生过一些分歧和摩擦。"服装也好，服装辅料也好，当行业在走下坡路的时候，我曾希望他到别的公司去工作的，但是他不喜欢，他觉得我太辛苦了。"曾经一度想让儿子从事其他行业，可是儿子却依旧选择留在顾薇薇身边，推也推不出去，也就有了今天的一番事业。

从小接受的就是日本的教育,她的儿子比一般孩子都要老实和本分,性格内向的儿子对人非常宽容,对事业也并没有特别大的野心,安于现状。其实,她更是希望孩子的胆量能够大一些,做人灵活一点。

另一个儿子跟着前夫,如今早已成家立业,并且有了3个孩子,在日本过的是普通人早出晚归的上下班生活。

顾薇薇称,"大儿子的生活很传统,有一个很简单的很普通的日本家庭"。

两个儿子虽然成长于不同的环境,过的是不同的人生,但在性格上却有着本质的相同:善良。即便如此,顾薇薇还是有自己的担心。"他们太善良,我觉得,你领略了世界上的险恶,还能保持善良,才是真正的善良。但现在他们只知道平静的海面,不知道下面有很多汹涌波涛。"

顾薇薇尤其对小儿子,始终有着顾虑,担心他未来遇到挑战而承受不了,反而是希望他能够多一点挑战,这样才能平静地看待这些。或许,早些年,顾薇薇一个人为他撑起一个家的经历,让他觉得家庭亲情这些才是最重要的东西。

顾薇薇的小儿子非常的孝顺,尽管现在一个人掌管两个工厂的日常经营,有关生意上的事情,还是会经常向她请教。但在恋爱问题上就不同了,顾薇薇坦言:"女朋友的事情,他不一定会听我的"。由于儿子自小接受的是日本的教育，对于自己的人生规划有着自己的主见，尽管顾薇薇特别希望知道儿子在感情方面的要求，但她依然还是想给儿子足够的个人空间，自己去选择，只要对自己的人生负责就好："我现在不会去管他这个事情，你自己选择的人生你自己负责就可以了。"

"记得两年前我的客人碰到了我的儿子，在外面拉着我的儿子足足谈了两个小时，告诉他：你的母亲有多么伟大。那个时候真的很感动。儿子也很孝顺，特别心疼我，他有时候也会说，妈妈太伟大了。真的很感动，觉得自己一切努力都是值得的。"

顾薇薇的第一段婚姻是不幸福的，至少不是她想要的婚姻。在与日本的丈夫离婚后的第十年，也就是2007年的时候，她再婚了。

谈到再婚时的心路历程，顾薇薇认为她那时候的选择还算慎重："因为父母也走了，我觉得孤独了，想到可以养老了吧，我没想现在养老应该是70岁80岁以后才会想到的问题，呵呵……那个时候40多岁，我就觉得应该可以考虑养老了，所以我就考虑结婚了！"

之所以决定再婚，主要是源于她对家庭温暖的眷恋。

她这次选择结婚对象的条件,和第一次结婚时一样,对钱没有任何要求。"我是飞蛾扑火,我可以抛开所有,抛开钱。我第一次婚姻不是选择钱,第二次也是不选择钱,钱是身外之物。"

第二任丈夫是她过去的同学,是普通的一个小老板。顾薇薇年轻的时候,他曾经向她表露过爱意,但她没有接受。所以,她觉得他的那份感情是比较真的,她原本以为"失而复得"的爱情应该会让他更加珍惜她,而且本身就特别优秀、自信、优雅的顾薇薇,的确也没有什么理由让人拒之门外的。

婚后,顾薇薇很快就发现她错了。在成为一家人以后,各种各样的问题就出来了,夫妻两人原本的财富差距太大,丈夫公司又遇到各种各样的问题需要顾薇薇出面去帮忙,这让顾薇薇觉得难以接受。"我觉得有钱了以后不就可以解决各种问题了吗?我觉得自己付出后,别人不可能对你不好。但是现实不是这样的,当时我姐姐回来就反对,但是反对无效,因为我觉得这是我的人生……"

两年前,顾薇薇主动提出了离婚。尝遍了这段婚姻中的辛酸苦楚后,她最终还是决定离开。"事业到了某种高度的时候,他开始只顾自己,不顾家,这十年里面甚至有过家暴。反正就是你有钱,家用你要拿出来,家里的东西都是他的,他从来没有想过给你买个礼物,他以自己为中心,因为吃透了你,你是要家庭的,你怎么可能离开家?他甚至私下变更公司的股份比例,增加自己的份额,只给你留一点点份额,你反对无效,这种状态维持了几年以后,我觉得我已经累了。我本来就不想要人家的钱,现在你很好,我也可以离开了。我把孩子培养好了,我把男人捧上去了,我的使命也就完成了。"

顾薇薇聊到这时,不免有些累。"我把他们扶持起来了,这个工厂现在如日中天,他好了,我可以走了。可能有很多女人会觉得:他好了,你在旁边不就可以享受了吗,对吧?我说不,他在好的时候没有想到你的话,他再多的钱跟你有关系吗?你做他老婆有意思吗?"

自从提出离婚以后,顾薇薇觉得自己解放了,面对丈夫的检讨和挽留,她还是坚定自己的选择。

"如果失去自我,你勉强有什么用呢?你选择了自我,就已经胜利了。你应该为自己骄傲,你不能畏惧世俗的眼光,然后把自己保护起来。因为将就下去,给孩子也是不好的示范,你选择了真正为自己去活,那孩子在你身上学到的是力量。女人要善良,但是不能失去自我,有的人可能认为自我是要有自己的事业,但与事业相比,女人更要有自尊。没有自尊的婚姻对女人是不好的,人生要经常学会取舍,有舍才有得。"

浴火重生真性情,花开灿烂誉芳华

从出国留学到下海经商,从相夫教子到决定为自己而活,呈现在我们面前的顾薇薇,是一个饱经沧桑的女性。

一路走来,她遇到很多坎坷,哪怕现在是一无所有,她也会坦然面对,因为对她来说,这些都已经不重要了。"我已经经历了很多很多,有的人会把钱啊什么的看得很重,我什么都看得不太重,就觉得你已经经过了这些,就像面对过死亡的人看待死亡已经不惧怕了,所以我现在看到我的孩子也好,所有事情也好,我都会把他的生活跟我的生活慢慢地切断,不要受太多的影响跟牵绊,这是他的人生。"

重回单身贵族的生活,让顾薇薇觉得自己又回到了二三十岁的状态,对自己知天命之年后的生活充满了期待。

这几年,她也尝试做过别的投资,但都不尽如人意。主要的原因,还是她把所有人都看得很善良,总是从自己的标准想别人。她总是觉得,自己努力了,也对得起他人了,和他人平等了之后,别人也能和她将心比心。可是后来,她发现不是所有人都可以这样的。

"很多尝试都不适合我,因为我太容易轻信,太好说话了。"

于是,起步于服装贸易的她,还是决定重回这个行当,毕竟那是她最熟悉、也最容易上手的事情。尽管不再年轻,但她也十分勇于尝试,慢慢地跟上时代步伐,将高科技融进日常贸易的管理中,并且也已经在积极地推进与客户的洽谈:"现在有一个很好的规划,但没有落到实处,现在服装行业流行吊牌里面放芯片,也就是说一个仓库里面只要有台电脑就能知道里面有多少件衣服，都什么颜色，这个是我们现在要跟上时代的东西，现在我们正在找客人洽谈，这个一旦做上去，技术含量非常高"。

谈到工作的顾薇薇神采奕奕："这个不是每个人能做的，我的孩子其实已经研究了好多年了，只是这些东西怎样启动，这是后面要做的事情。"她把这个项目作为自己事业的终点，一旦成功以后，她想回归平静的生活状态，可以在闲暇时间去唱歌跳舞，也可以去投身公益事业。

她的儿子也希望她不要这么辛苦，建议她多做一些捐资助学的善事。

"我的孩子说，妈妈你老是信佛，到庙里去做佛事啊，去供养师傅啊，但是你有没有养过学生，有没有赞助过什么？这才是大爱。"

顾薇薇笑谈到，自己的儿子倒是挺有境界的，但是她认为这个也是要等待机会。"其实也不在于自己要去捐多少做多少，而是要多去参与一下，慢慢地把自己的善良汇积到那种地方去，会好一点。我们的现在的善良在很多时候都被人家利用了，这样不好。"

对于自己今后的生活，虽然在感情道路上并不顺畅，但她依旧纯真与坦然，她说只要自己开心就行。"现在我谈到这些东西已经把一些悲伤的东西淹没掉了,以前我都会流泪,我现在好很多了。"

梅艳芳的《女人花》中有这样一句歌词"花开不多时,堪折直须折,女人如花花似梦……",虽是已经知命之年,但顾薇薇依旧保持着她的那份自信与优雅,像周敦颐《爱莲说》的莲花一样,"出淤泥而不染,濯清涟而不妖",始终保持着自己干净的灵魂,无论吃亏与否,但求无愧于心。

07 | 边咪咪
俗人眼中的"剩女",过着"胜女"的生活

因"舞"蝶变

出身于书香世家的她从儿时便沉浸在浓厚的中国传统文化氛围中,希望能够打造一个用来传播传统东方美学的平台。

随着羲昙慢慢地步入正轨后,她又常在思考未来的方向,也会和通过舞会所结识的朋友们一同探讨关于将来的人生方向。近日,名为伊洛斋的茶文化空间正式揭幕。在筹备阶段,她也遇到了大大小小的问题,然而在舞会上结识的朋友们都会给予她很多帮助,攻克难关。她希望能通过伊洛斋让更多的人去体验传统中国文化美学,寻找属于自己的精致生活。

俗人眼中的"剩女",过着"胜女"的生活

她是世俗人眼中的"剩女",可是她却过着一种"胜女"的生活。

她喜欢泡各大城市的博物馆,喜欢徒步旅行,喜欢研究国学,喜欢一茶、一书、一香的小世界,在真正的爱情来敲门之前,她很享受目前这样的生活。

她就是边咪咪。

上海是个有着许多故事的城市,闲暇之余,漫步街头,穿过一条条弄堂,跨过一座座天桥,倾听着这座城市的声音,阅读着她的历史,感受着她生生不息的脉搏。走累了,进入一家小餐馆,品上一碗洋葱面;或一碗馄饨;或一份生煎,用舌尖去品尝这座城市的味道。思想饥渴时,拿一本喜欢的书,找一个人少的角落,坐下来细细品读。但在寸土寸金的上海能拥有这样的小角落,真切地感受片刻的安宁,在闹市之中独守着一份静谧,回归宁静,似乎是一种奢侈。

绽放的山茶花

因而,边咪咪萌生了一个创业想法,何不结合自身兴趣爱好,以书和文化为基础,在上海打造一家名为羲昙的城市生活空间?

当问到名字的由来,她目光坚定又满怀欣喜地说道:"羲昙,siddham,来源于梵文,意思是成就,我们希望:愿你所愿,成就一切美好的事物。"她希望羲昙成为都市中的桃花源,大家可以静下心来,看看书,喝喝茶。让每个来这里的人,都能发现美好。

我们在上海闹市中心的办公室里开始了对边咪咪的采访,在她娓娓道来的记忆里,勾勒出她是如何实现"结庐在人境,而无车马喧。问君何能尔,心远地自偏"的愿望。

良好的家庭教育,是成才的助推器

良好的家庭教育是孩子成才的助推器。这在边咪咪的成长过程中,也得到了验证。

边咪咪是个地道的浙江人。

在浙江省诸暨市有个地方叫边村,村庄里有一座古建筑瑰宝——边氏宗祠,每年到了祭祀祖先的时候,族人们就会不约而同地来到这里,再由族长带领大家一起祭拜。边咪咪自幼就生活在这样一个具有浓厚传统文化氛围的大家族里。

浓厚的学习氛围

边咪咪出生于书香世家,父母、外祖父母均是老师,在上幼儿园之前一直跟外公外婆住。外婆虽然早已退休,但是她的诗词、书画功底非常扎实,教边咪咪从小认繁体字,还教导其读唐诗、宋词等经典国学。进入中学以后,随着知识水平的提升,加深了她对诗词歌赋的理解,从中找到了快乐。从6岁起,边咪咪由外公教授中国画,持之以恒地学到中学,后因高中学业繁重,被迫中断。自幼在外公外婆的熏陶下,边咪咪非常喜欢中国传统文化。

良好的独立能力

习惯形成性格,性格决定命运。

在边咪咪的成长过程中,其父母不仅为其提供了基本的物质条件,更重要的是教会了边咪咪生活和学习的正确方法,引导她养成良好的习惯,形成自主自立的性格,使边咪咪在独立面对困难和挑战时,不言退缩,自信自立,勇往直前,从而获得脱颖而出的加速度,并且终身受益。

高三开始边咪咪一个人住在外面,父母也比较放心。

赏识教育,树立信心

人们常说:"父母是孩子的第一任老师",其实更是孩子"终身的老师",父母不仅是孩子的精神后盾,更是孩子的心理医生。父母如果整天在孩子面前以长辈的面孔出现,则很难与孩子沟通。

所以,作为数学老师兼校长的父亲,不管多忙,每天都要抽些时间来与边咪咪沟通,互相交流,做她的忠实听众,常常听边咪咪说学校里发生的趣闻趣事,比如"××老师今天表扬我了""今天××同学迟到了"等,这些看似毫不起眼的小事,但通过不断的交流,边咪咪的父亲感觉她情绪的变化。在聊天时,更会用拉小手、会心地笑一笑,或者点点头等一些肢体语言让边咪咪感受到父母对她认真与重视的态度。父母不过多地拿她和别人比,给予边咪咪足够的自信心。

当边咪咪做错事受到批评或者被老师、同学误解时,边咪咪父母则合理地引导她,即保护了她的自尊心,又带她走出阴影,健康成长。无论是冷静的父亲,还是身为文科老师热情开朗的母亲,思想都较开明,并认为:"孩子不是父母的附庸、更不是父母的炫耀品,孩子属于她自己,属于这个社会，应该有自己独立的思维，要勇于去闯荡。作为家长，应该懂得得体的退出。"

所以边咪咪很多时候和父母的相处模式更像是朋友，平时聊天也很随意。边咪咪父母的赞许是她进步的助推器，真诚的夸奖是增添她自信的砖石，如朋友般的坦诚教导则更是她成长道路上的指南针。

放弃安稳，迎接挑战

创业，是一个充满诱惑又充满危险的字眼，撩动着每一个有志者的心弦。

边咪咪大学毕业后，进入了期货的行业，成了一名总经理助理。后来通过自己的学习，不断地磨炼，转型做了一名交易员，操盘手。

华丽的转身

金融，也许很多人会觉得是一个非常好的行业，国企更意味着稳定。可是这一切对于边咪咪而言，内心却是空的。因为她从工作中始终找不到支撑自己的精神文化。4年后，边咪咪果断地辞去看似稳定的工作，下定决心自主创业，要凭着自己所掌握的专业技术和工作经验成就属于自己的一番事业。

然而，创业的路途上充满了艰辛和坎坷，由于自己没有过经商的经历，更没有想到初涉商场扑面而来的重重的困难和多方面的压力：启动资金如何解决、哪里去找经营场所、如何打开市场、赔钱了怎么办、面对竞争对手又该怎么办……许多问题，顷刻间摆在边咪咪面前，一下子不知从何入手，边咪咪把自己关在房间里，一个人静静地思考……

边咪咪开始考察市场，上网查阅资料、打电话联系、拿着自己的积蓄奔赴全国各地进行实地考察。有些老板不太重视，觉得边咪咪比较年轻，没有经验。考察回家之后，边咪咪决定利用在国企积累的管理、公司运营等经验，联合朋友继续做期货交易。最终在父母及亲友的支持下，交易公司开始正式营业。这让边咪咪增强了创业的信心，也拉近了她和梦想之间的距离。

创业是艰辛的，同时也是充满机遇的，在商场的沉浮中边咪咪认识到：客户的需要，就是我的生存之道。

就这样，经过半年多的不懈努力，营业额急速上升。为了更好地为客户服务，也是为了自己能够在这个行业中生存发展，追求企业最佳效益，边咪咪还十分注重提高自己的技术素质、管理素质。

回顾边咪咪第一次的创业历程，虽然充满了艰辛，但是当她的努力得到了回报，那种欣慰和快乐是无法形容的。边咪咪并没有沉醉在小小的成就里，她开始寻找更大的商机。

慧眼识商机

创新是对过去的遗忘，是对现在的不满，是对未来的憧憬。因此，创新需无视过去，立足现在，面向未来。当今社会充满竞争，要在竞争中立于不败之地，就需要不断地努力，不断地创新。咪咪就是一位敢于创新，拼搏向上的女性。

随着现代都市快节奏的生活，很多人在紧张忙碌工作中度过一天之后，身心甚是疲惫，需要通过一定的方式进行调节；由于生活水平的提高，人们对科技文化知识的需求也日益强烈，过去那种简单的体育项目、体育器材已满足不了人们的要求，这样就需要较高的、较完善的配套设施及环境，放松神经，舒畅身心。

这样的需求让边咪咪又萌生了一个创业想法——打造都市生活空间。

此时，她的一个很重要的合作伙伴因为脑癌突然离开了，他是她的良师益友,更是最信任的合作伙伴,这件事的发生对于她来说是个很大的打击,很长一段时间里,她沉浸在悲伤中走不出来。

某次偶然的机会,她看到一位旅人在街道上画画,画的内容是一个小女孩站在星空下的草地上,踮起脚尖伸手去摘星星的模样。她在那一刻猛然顿悟,希望自己可以做一个摘星星的女孩。学会欣赏生活的美好,虽然朋友的离开让她很遗憾,但是现在身边的亲人、朋友更要珍惜。

于是,这促成了都市中"桃花源"——羲昙的诞生。

然而,创办金融交易所和打造都市生活空间是两种截然不同的经营模式。首先,都市生活空间最早是在日本以庭院式私家会所形式开始经营,慢慢发展演变而来,已具有百年的历史,曲径通幽、私密天然、花香鸟语、宁静和谐是这种经营环境的特点。这种经营环境受到一些成功人士的喜爱。

因为有文化的支撑,与社会餐饮相比,这种经营形式会受顾客欢迎。

经过一番考察,边咪咪开始将这个想法付诸实践。首先是选址,在节奏较快的上海,超然于现代都市喧闹氛围的郊外净土,不论是宴饮、休闲还是谈判、聊天,对那些视野开阔、见识广泛的群体,所追求的不再是简单的物质刺激,而是一种感觉感受,一种精神上的冲击和享受。

边咪咪选择在金融中心陆家嘴,初设主要以附近的具有丰富的阅历,视野开阔,物质追求淡化,精神追求强化、喜欢怀旧、安静等人群为主。但在发展中,出乎边咪咪预料的是每逢周末,社区的人群会非常多,尤以亲子为主。

创业离不开八个"力"

边咪咪回顾自己的创业历程,认为创业是个不断学习的过程。因为从来没有人教过我们怎么运作这个公司。"自己的虚心求教和咨询也很重要"。她总结了自己的创业历程,主要体现在下列八个能力:

目标能力

你有什么样的目标?想把它做成什么样的状态?并且前提是你在进行自我评估后发现这有可能实现,这时候你才能开始创业。

边咪咪回忆当初做金融交易所的时候,有一个非常明确的目标,那个时候把操盘手的工作辞退后出来做交易所,我希望自己能做一个有价值的人,也正是有这个目标,交易所的金融事业才不断前进。随着交易所的业务开展,目标也在不断改变,从最初的盈利变成想在全中国开设分所。

目标是上升的,但基础是不变的,所以边咪咪觉得目标能力对创业来说非常重要,而且你热爱这个目标也非常重要。

专业能力

每一种工作岗位,都需要拥有相应的能力,而这种能力的体现,就是专业技能。边咪咪回忆自己最初是金融专业出身,但创业做金融交易的时候,明显感觉知识储备不够,于是又去学习MSE(软件工程硕士),在边咪咪的眼里,学习能力是高管人员首先要具备的能力。

营销能力

如果产品造出来没人买的话,那公司就失败了,有无数的公司都是开起来最后却关门了。这就涉及营销,营销分两部分:实的营销和虚的营销。

在中国做企业,品牌营销往往还和个人营销结合在一起,就是说你个人的形象有时候能够代表企业形象,所以要把个人的道德、行为和企业的道德、行为结合起来。比如大家讲到新东方的时候会提到俞敏洪，讲到联想公司的时候会提到柳传志，个人品牌的成长很大程度上就是企业品牌的成长，而企业品牌的成长也带动个人品牌的成长。

一个公司要成功，品牌营销有时候甚至比产品营销还重要，品牌营销的价值是无限的。利用营销把产品推销出去，把品牌推销出去，也是创业者必须具备的能力。

转化能力

第一种转化是把科学技术转化成生产力。像比尔·盖茨把自己的研究成果转化成微软产品，并推销到全世界。所以把科学技术转化成生产力、转化成产品的能力是非常重要的。

第二种是转化你个人的能力，就是能把在大学里学的专业知识转化为社会能力、管理能力。边咪咪是从上海外语大学毕业的，边咪咪认为学会从管自己一个人转换成管一帮人是很重要的，也就是说把专业能力转换成综合能力，把专业才能转化成领导才能。而这种转化是要经历很痛苦的过程的，她能管理一百多人的团队，至少花了五年的时间。所以人的能力是在不断转化的，关键是你自己要努力去转化。

用人的能力

边咪咪常说："阿里巴巴的马云之所以能成功，很大程度归因于他的个人魅力，他有能力把一帮人聚在一起，给他们承诺未来，这个未来到最后不知道能不能实现，但大家会有一个目标。"

她又谈到刘邦打下天下时说的一番话。刘邦自己一点本领都没有，但他能够用萧何、韩信、张良等这样的人才，是他们帮助我打天下；项羽身边有一个范增，他都没有能力好好用上，最后被刘邦抓起来。这也体现了领导能力的重要作用，一个孤军奋战的人也许能成为英雄，但他却不能成就事业。

所以，用人能力对领导者而言是非常重要的。

社交能力

边咪咪回忆自己刚进入社会的时候，处处碰壁。但她慢慢学会了把自己心态放平和，去理解别人，慢慢地就能干出点事情来了。

把控能力

何为把控能力?

边咪咪的观点首先是对自己所处行业的把控,如该行业发展的速度?什么时候应该增加投入?什么时候应该对经营模式进行调整等。其次是对人的把控,当一个人走进你的公司,他会根据自己的能力和贡献衡量自己应该得到什么,人与人之间永远会寻找一种平衡关系。

其实对人的把控能力、对环境的把控能力、对企业发展步骤的把控能力,构成了你创业是否成功的重要条件。

革新能力

一个人或者一个企业家成长的过程,就是不断否定自己的过去,承认自己的现在,追求自己的未来的过程。

边咪咪从经理助理到操盘手,然后转型合伙开交易所,接着转战休闲娱乐行业,每一次改变都意味着革新。

据边咪咪回忆:"当初跟我在交易所工作的人,很多到现在依然是操盘手。"每一次改革伴随着阵痛,但也伴随着发展,而改革还得把握好步骤,如果改得不好、改得太猛了,公司有可能崩溃掉；但如果停滞不走，也会崩溃掉。因此，每走一步都要小心，但又不能不走。

以上提到的八种能力，是边咪咪觉得在创业中最重要的八种能力，也为创业者提供了借鉴。

激情工作，快乐生活

人人都想拥有一个精彩、丰富的人生，而美美地生活需要我们用工作去创造。对于职场女强人边咪咪而言，工作曾经是生命中最重要的内容，工作快乐了，生活也就快乐了。而激情则是快乐工作的源泉，无论你从事什么行业，无论你是什么岗位，如果每天都满怀激情地投入工作，那么即使遇到再多的困难挫折你也会勇往直前，并且从中享受到快乐。

如何不断发掘自己的潜力，去挑战难题？边咪咪选择用旅行的方式从容地对待压力,孕育激情。

边咪咪最喜欢《罗马假日》中的一句句话:"要么旅行,要么读书,身体和灵魂,必须有一个在路上。"这也是对边咪咪现状最恰当的解读,她的身体和灵魂大概是同频的,两个都在路上。肯尼亚、西藏、京都、芝加哥……每一次旅行都有不同的收获,换个角度看世界。

探访西藏的时候,她遇到了一位非常热情的老奶奶,恰好那时候成片的青稞刚刚收割完,喝完奶奶倒的青稞酒走在田野上让人忘乎所以,她说那一刻心灵瞬间被净化。

谈及自己的旅行感悟,边咪咪有自己独特的见解:

"旅行的意义不是做一个短暂停留的穿越者,而是要用心去感受这个地方、城市的变化,尝试着融入这个城市的风景与生活,这样我们不管在哪里都可以感受到属于这个地方的温暖,找回心灵那种久违的感动,并且这种感动会一直填满心田,久久也不会消散。"

读书时总是向往"读万卷书,不如行万里路",一直想走出家乡,去外面的世界看看,体验大自然的精彩,去攀登那一座又一座的山峰,想沐浴在金色的沙滩,遨游在蓝色的大海,想休憩在宁静的幽林,旅行是为了遇见更好的自己,坦然面对生活中那些暂时的不完美和不如意,不想探究路途的遥远,只想走遍世界的每个角落,感受不同地域、文化和风俗的美,对未知的旅途和风景,边咪咪常会大声地说一句:"我出发了!"

旅行的真正意义到底是什么?可能旅行达人边咪咪也很难说清楚,因为旅行有太多的美好,太多的风景,太多让人感动的瞬间,而边咪咪这些美丽的旅行背景和回忆足以为自己忙碌的岁月画上浓墨厚重的一笔,组合成各种缤纷的画卷,温柔自己的岁月,温暖自己的人生,让自己在迷途中可以找回本真,回归真实的自己。

她认为:"我喜欢的、我认定的生活方式,我做到了,这就了不起。"

正因为她知道自己想要怎样的生活,她才选择充实自己的内心,旅行、工作、研究国学,不仅让自己学会了沉淀,更让自己变得强大而有力,成为他人眼中的"胜女"。

08 | 曹维
上善若水,活出生命的精彩

因"舞"蝶变

我是一个将美丽和幸福永远挂钩的人,以前的一场大病几乎夺走我的美丽和作为女人的优雅,我的整个人生跌入一个万丈深渊。痊愈后的我决心要重新找回属于我自己的美,尤其是经历了这场舞会后,更加坚定了我的追求和决心。即便获病,即便衰老,也不放弃追逐美丽,永远的逐梦者。不美激活了强大的内心,爱美拯救了自己的生命。

有幸认识到这么多优秀的女企业家和追求幸福的同道中人,让我内心波涛汹涌,让我在追求美与幸福的道路上有了更多的支持和建议。

一个人对美与幸福的追求反映了他对生命的态度和其内

心的高度。我们都曾相信来日方长,可世间有些来日方长,最后变成了世事无常,后会无期。桐华在《最美的时光》里写道:"这个世界,黑暗总是与光明共存,我们无法逃避黑暗,但是我们永远可以选择拥抱光明。"所以这就提醒了我,不管何时何地,我都不会放弃对美的追求和优雅的绽放,学会无时无刻地爱自己寻求快乐,才是生命的真谛,其他的一切都是浮云,何况还有这么多朋友的陪伴。日后我也会用我的经历和感悟不断地去感染更多的人,力所能及地温暖周围的一切,让更多的现代女性体验来自生活每一个小细节的快乐。

"花一样的美丽,草一样的坚强,风一样的情怀,云一样的人生。"温文尔雅的外表里怀揣着坚强的内心。从来不向生活妥协,不向困难低头,无论何时何地,都要活出生命的精彩。以实际行动,战胜病魔;用对美好生活孜孜不倦的追求向生命索要最美好的礼物——一份永葆青春的内心和外表。

"上善若水,水善利万物而不争。"

这句话的意思是人至高的品性像水一样,滋润万物而不争名利。不与世人一般见识,不与世人争一时之长短,做到至柔却有能容天下的胸襟和气度。女人是水做的，而曹维恰好就是这样一个女子，做事比较随性，不太喜欢跟别人去争，认真做好自己该做的事情。正如其名"维"一样，在各种角色中自由地转换，经历着多维的人生。

她放弃澳洲银行高管回国创业，由外贸商人到投资人，由EMBA结课晚会总导演转型为美丽经营者。她追求独立之体魄，自由之思想。做自己想做的事情，过自己想过的生活，做自己生命的主宰，活出生命的精彩。

大家庭的濡养

曹维，一个拥有"花一样的美丽，花一样的坚强，花一样的胸怀"的奇女子。她出生在上海长宁区的一户大家庭中，与外公、外婆、父母、妹妹和表兄弟等亲人生活在一起。大家庭对曹维的为人处世，待人接物起到了无形的濡养，为日后的成功铺平了道路。

父亲在一家集团里上班，母亲在国有企业里当文员，每天早出晚归，陪伴曹维的时间也不是很多。曹维与外公、外婆和同辈的孩子在一起的时间是最多的。她在与外公、外婆日常的相处中，耳濡目染，学会了许多做人的道理。外公、外婆都是宁波人，她也遗传了宁波人的精明。

曹维回忆，外公常说："做事情的时候，该省的一分钱要省。一百块钱是最大票面了吧？该用的一百块钱就要用。"

这些话让小时候的曹维渐渐形成了大的格局观和动脑子做事情的观念，或许也是她选择经商的一部分原因。

而外婆的言传和身教，更是影响了曹维的整个人生。外婆有一副热心肠，她常说："做人呐，就是一定善有善报恶有恶报，不是不报时辰未到。"并且在生活中身体力行，行善助人，成了街坊邻里中的名人。在邻居里有三个老太太，虽然有孩子，但不住在一起，老人病了就没人照顾了，于是外婆就主动地去照顾三个独居的老太太，连自己家里的事情都照顾不上了，也不求一分钱的回报。再如崇明过来卖小螃蟹的小贩，没有地方住，外婆就请他住在家里。使曹维从小就觉得一定要做善事，一定要善良。她现在也是这么做的，将别人拜托的事情认认真真地去做。比如认一个生病的小姑娘作表妹，帮助她早日看上专家医生，第一时间做了癌症切除手术。

曹维母亲生她的时候才20岁，两人的相处就像两姐妹一样，无所不谈。曹母天生就有一副好嗓子，唱歌唱得很好，经常在单位的舞台上演出。或许是基因遗传的关系，曹维也喜欢文艺和体育。

她小学就读于上海江苏路第一小学，初高中就读于蜚声海外的百年名校、宋氏三姐妹、张爱玲的母校——上海市第三女子中学。

她的毕业合影中，同学们都穿着很漂亮的校服，即使用现代的审美眼光，这些校服依然很好看。她说："这校服是我设计的，当时全班同学穿着这个校服拍集体照，真的是一份非常美好而难忘的回忆。"在分享这段经历的时候，她很自豪地说："我把个人审美，转变为集体的美好回忆"。

曹父主张"读万卷书，行万里路。"这一主张对曹维的初高中生活产生了深远的影响。"纸上得来终觉浅"，旅行的意义在于开阔眼界，加深对世界的了解，让人形成广阔的胸

绽放的山茶花

襟和格局。在改革开放初期,经济不发达,交通也不方便,30岁的人都不会有离开上海的机会。父亲引导曹维去外面走走看看,一有出去的机会,就会硬拽着曹维。春节父亲回老家湖北探亲,一定会拉上曹维。以前的小孩子根本就没有机会离开上海,而十几岁的曹维有了往返于上海与湖北的机会,使她有了不同于同龄人的经历。电影《后会无期》中有一句经典的台词:"连世界都没有观过,哪来的世界观呢?"

1985年,曹维高中毕业,顺利地考上了大学。由于家庭重视教育的传统,需要她回湖北看望她奶奶并且去老家的祠堂祭拜祖坟。而这次旅途和需要的操办的事情没有父母的帮助,只有她和她妹妹一同完成。从湖北回上海需要坐三天三夜的船和一小时的车,结果还没有直达的票,她们只能先到南京,在南京玩了两天再回家。这样的旅行既开阔了眼界,又让曹维养成了独立自主和坚韧的性格。

曹维在大家庭中和同辈的共同生活,让她学会了相处之道,怎么在集体里面摆平与每个人的关系。在大家庭中,表兄弟五六个人从小一起长大,外公最喜欢曹维。外公这样的偏爱,是一种幸福。但她懂得处理与同辈之间的关系,她用外婆给的零用钱买东西与他们一起分享,把自己拿到东西分给他们吃,这样大家就相处的其乐融融了。

学生年代就"赚钱不吃力"

曹维从小对国外形成的认知和感受主要来自在香港的姑妈。1978年改革开放,姑妈经常从香港带回来了许多时髦的衣服,一些礼服和国外的东西。

曹维回忆,当时她和妹妹穿得很花俏,甚至因此还被教务主任要求回家换了衣服才能进校。小学的时候她本有机会随亲戚出国,母亲也同意,不过外婆反对,只能作罢。

上海市第三女子中学的前身是1881年美国基督教圣公会创办的上海圣玛利亚女校和1892年基督教南方监理公会创办的上海中西女中,1952年由上海市政府将两校合并。该校出过宋氏三姐妹、张爱玲等知名女性。

学校英语教学法,让人感觉仿佛在国外上学。英语跟别的学校的教法不一样,初一开始一进英语课堂就不准说中文了,必须使用英国的进口教材,用英英字典,读外文原著,完全融入英语的文化语境中去。初高中六年的英语学习,使她的英语达到相当高的水平。

其实,她从小的经商历练,为她后来从事的贸易活动提供了丰富的经验。小学五年级的时候,她就尝试着自己去赚钱。那个时候刚刚改革开放,农贸市场上可以自由买卖,湖北老家的亲戚到上海来卖大闸蟹。她就被叫去帮忙看东西,体验了一次赚钱的艰辛。

澳洲升职记

在这些经历中,曹维的交际能力、经商思维都得到了提升,为她出国做外贸生意提供了锻炼。在上海没有读完大学,她就出国去了澳大利亚。

初到澳大利亚,她就去挑战了当地知名百货公司的销售岗位。这份工作对于具有很强的交际能力的曹维来说是得心应手,仅仅用了一周的时间,就成了店里的销售冠军。慢慢地这份工作干得风生水起。

后来在澳洲,她有了一个美满的家庭,有一份收入不错的工作,澳洲的生活基本稳定下来了。

"人往往会被安逸的生活所累!"

每天在商店里上下班,回家带孩子,就是这样一眼望得到头的日子。而这样的生活并不是她想要的。这让她重新拾起自己的初心，出国只是计划中的一部分，还要有更高的追求，追求独立，追求思想的自由，追求自己的事业。

于是她又重新进入了校园，在澳洲念完了大学。这次选择主修金融学，还选修了日语。

曹维重新迈开了奋斗的脚步。大学毕业后，她在经过层层严格地筛选之后，成功入职了澳洲四大银行之一的西太平洋银行。而且值得一提的是，在那年录取的17人当中，她是唯一的中国人。

进入企业后都会有一个"师父带徒弟"的过程，由一个新加坡华人作曹维的师父，教她如何与领导搞好关系，如何应付同事的钩心斗角，也就是俗称的"职场风云"。但是曹维并不是很接受这套，她不喜欢政治斗争，比较随性，坚信没有那么多事情，只要用自己的实力来做事情就好了。

入职三个月后，曹维就被领导看中，升职加薪了。她与她师父同级了。一个用了三个月，一个可是整整用了五年。

她在银行主要从事企业贷款业务，由于大学学日语，就被安排到主要针对日本市场的工作了。刚上班的时候，还以为有岗前培训,结果是直接上岗。她就慢慢地一边做一边学。

三百六十五天,天天去公司,双休日也不休息,在公司加班加点看资料。有付出就会有回报,放弃安逸的生活,选择有挑战性的事情,坚持与努力,让曹维在银行中稳定了下来,也看到了不一样的风景。

很快,她成了澳洲银行的高管。

攻读EMBA的日子

祖国的大好河山吸引着曹维,或许也在夜里呼唤着她:"归去吧!归去吧!"曹维放弃了澳洲银行的高管职位,放弃了澳洲打拼下来的事业,回到国内进行创业。最初为美国公司在中国进行采购业务,后自己成立公司。短短几年,她的公司就在贸易行业站稳了脚步。

在国内的公司立稳脚步之后,她不安于现状,再一次对自己发起了挑战,去读书,攻读EMBA。

开始还担心连面试的机会都没有,结果两个学校都给她发来了通知。先去考了长江商学院,考完后说两个星期才会有消息。

上海的招生主任说："你也不要担心，基本第一批都是待定的，除非特别优秀的。不过即使待定了也不要担心，我们是滚动式的招生，就是滚动式的录取。"过了一个星期曹维就接到了口头录取通知，两周后收到正式书面通知。

这边有了结果，曹维也没有放弃去试试清华商学院的笔试面试，挑战一下自我。去清华商学院面试，一共给十分钟，曹维就讲了三分钟，主考官就推荐她去清华商学院的国际班。

最后清华商学院和长江商学院的考试都过了，也都被录取了。在两个学校之间如何选择，她最终选择了长江商学院，长江商学院的校训"取势，明道，优术"的理念更吸引曹维，因为向往大海，所以汇入长江。

第一次班里搞班宴和最后一次年级结课晚会最为重要，曹维策划活动。虽然每次组织活动很辛苦，但是曹维从中学到了很多，所有的付出得到了同学们的认同和信任

第一次的班宴，只有两个星期的策划时间，同学之间都不熟悉，场地又在北京。在时间紧，场地又不熟悉的情况下，曹维一边做一边学，最后班级的晚会办得非常成功，给大家留下了深刻的印象，已经成为班级同学一段共同而美好的回忆。

商学院的结课晚会是学院里所有活动最重要的一次，恰

绽放的山茶花

巧组织这次结课晚会的任务落到曹维所在的班级。原本组织这次结课活动也轮不到曹维出头牵线搭桥。因为她之前已经组织过圣诞晚会了。这次活动轮到了另外一个班委同学组织策划了,曹维只需要提供支持和帮助即可。

但强势的班长就把这个任务指定给曹维了,没有商量的余地。就这样曹维担下了结课晚会的策划项目。

整个筹划,每个同学都需要奉献力量。曹维充分发了她的公关能力和女人的柔性。因为长江的同学个个都是企业家,公司一把手,都有个性,她也将他们协调好了。最终团队的策划非常成功,各方面都井井有条,晚会成了长江15年以来最完美的一次。

经过在长江学习,她也获得丰富的经验。有人的社会就有江湖,曹维以其女性的思维更能敏锐地觉察到人情感的需要,成功地挑战了自己,也得到了同学们的信任。

战胜癌症,追求美丽

天有不测风云,人有旦夕祸福。

当曹维在认真努力地生活、享受生活、追求着自己的事业的时候，2008年11月的一天，她被诊断患了乳腺癌！

从此，曹维与癌症的战役也就打响了——手术，接着26次摧残性的化疗及30次放疗。

曹维回忆到："住院治疗的期间，其实我内心是很害怕的。突如其来的疾病，让我措手不及。经过连续几个彻夜难眠的煎熬，我还是找回了我的乐观、淡定。一番权衡之后，最终我决定将患病一侧切除。"

2008年11月24日一大早我便被推进手术室，当我苏醒过来的时候，我第一时间发现的就是我的一个乳房已经被切除。沮丧、郁闷、眼泪陪伴了我整整一个夜晚。家人和朋友的安慰都无济于事。经过一个晚上的挣扎，我开始重新规划我的人生。

首先就是积极接受术后治疗。术后三周就进行化疗，化疗的过程异常痛苦。化疗两个月后，我一头乌黑的头发也渐渐掉完了，脸上色素开始沉淀，脸是黑的，手是黑的，身体上的皮肤也渐渐变黑，指甲都裂开来了，体重一度从120斤急剧增加到150斤。化疗药物让我浑身变得僵硬，从楼下的餐厅走到楼上的卧室是如此的艰难。我只有用面目全非来形容自己了。

经过半年时间，我终于完成了8次化疗。正准备庆祝一下的时候,命运总会时不时和你开上几个玩笑。又被告知我的Her2指标是阳性,这意味着又要接受一年18次的靶向治疗。天哪,怎么就没有一个尽头呢。

化疗的同时,我还需要进行30次的放疗。

放疗是每天要做,虽然每次照射只需几分钟,但到放疗后期,皮肤完全变了颜色。射线的照射一点点地积累能量把我胸部的神经末梢全都破坏了。让人感觉胸都不能撑开,天天都是撕扯着的。

疾病打劫了我的健康、我的美丽、我的一切。

我要改变,找回本该属于我的美丽。

癌症手术两年后,当我结束了所有治疗后,我又开始新的一轮的治疗。这次是让我重新找回女人的尊严,乳房重建,踏上追求美丽的征程。

我上海的主治医师极力反对,说我太作,安分一点,等5年后再考虑重建手术。但是他怎么能感受到一个女人缺失一个乳房的痛苦。我的生命我主宰,我坚决不能接受"好死不如赖活着"一说。一意孤行地来到美国华盛顿州大学医科院,找到了整形外科权威专家Dr. Neligan。接下来又是历经2年的4次手术。在中国-美国之间12次来回地飞行。

该做的手术和治疗经过四年全部完成了。接下来就是开始减肥了。从慢走-快走-慢跑-跑步,路程增加到5公里。学习打高尔夫,练习国标舞,采取合理健康的饮食,就这样,我从150斤回到了10年前手术前的体重115斤啦!

2015年10月–2017年11月,我还完成了长江商学院EMBA的课程。

即便获病,

即便衰老,

也不放弃追逐美丽,

永远的逐梦者。

爱美激活了强大的内心,

爱美拯救了自己的生命。

正是由于有这样追求美丽的经历,我能懂得女性对美丽的渴求。于是,2016年底我开始筹办Amy的攸维医疗美容。从追求美丽到经营美丽,爱自己是终身浪漫的开始。

她是这样描述自己的:

"'花一样的美丽,草一样的坚强,风一样的情怀,云一样的人生。'温文尔雅的外表下藏着坚强的内心。从来不向生活妥协,不向困难低头,无论何时何地,都要活出生命的精彩。以实际行动,战胜病魔;用对美好生活孜孜不倦的追求向生命索要最美好的礼物——一份永葆青春的内心和外表。"

五十不惑

曹维，这个奇女子，在她身上展现着独特的女人味，刚毅与温柔，坚韧与包容，情感与理性完美地融合在一起，娇艳俏丽的容貌，妩媚得体的举止，优雅大方的谈吐，让人生羡。

"女人的前半生，没有对错，只有成长。女性用后半生来创造辉煌和价值，方得圆满。"这句话恰好能够概括她已经走过的前半生和对后半生的展望。

从小生活在大家庭的环境中，无形之中学习与人相处之道，外公教给她大格局，外婆的热心肠影响她一生，母亲遗传给她热爱文体活动的基因，父亲让她读万卷书，行万里路。散养的教育方式，让曹维养成特立独行的性格，在她的世界只有自己能够成为自己的王。选定目标准备出国。在澳洲挑战销售的工作，不安于现状，继续学习，进入澳洲的银行并且成为高管。而正当澳洲事业稳定的时候，又选择继续挑战自己，放弃稳定，选择机遇与挑战，回国创业。而正当她享受生活的时候，癌症又来敲她的门，面对病魔，她积极乐观。一路走来，她热爱生活和生命，积极努力地活着，不安于现状，不断地追寻和遇见更好的自己。

她的前半生用八个字来概括可以说是"生命不息，折腾不止。"

五十岁的曹维拥有这样丰富的人生阅历，也让她能够看透世上的纷纷扰扰而不被困惑。

对于如何成为一个成功的女人，她有独特的看法。她认为成功的女人应该是"内外兼修"型的。做事的时候要当仁不让，做人的时候则要懂得上善若水。

对于看待个人的命运，她认为一个人的命运应该由自己来主宰，所以一切的一切都要由你自己来把控，别人的意见只是作为一个参考。而且人生不应轻易安于现状，应该不断地尝试新的东西,不断地挑战自己,不断地超越自己。曹维也正是这样做的,不向命运低头,不断地挑战,超越自己。

与癌症经历过殊死的搏斗,徘徊过生死的边缘线,她最终取得了胜利,恢复了健康,获得了新生。她更加珍惜生命,世上其实没有什么大不了的事情,养成良好的心态最为重要。一个积极乐观的心态,会给自己带来好运的。生病也让曹维更加懂得健康的重要性。

时光流逝,五十岁的曹维以丰富的阅历作为积淀,以乐观的心态作为保障,发挥女性特有的优势,游走在各种场合之间,不忘初心,继续追求自己的事业。

曹维就是这样一女子,上善若水,活出了生命的精彩!

后 记

感动——

在收集、采写、汇编这部书稿的过程中,充满了感动。这些在舞会上绽放美丽的女性,都在各自的领域颇有建树,拥有闪亮的光环,可是她们都坦诚地向大家讲述曾经的坎坷和风雨,她们毫不掩饰曾走过的弯路,她们也毫无保留地告知大家成功的"秘诀"——原来所有的收获都来源于数不清的付出,原来所有的光芒后面都有一副备受锤炼的身躯。所以,想要获得丰盛的人生,想要不虚度时光,可以读一读她们的故事,当你走近她们,品味她们的魅力,你会获得很多的启发和动力。

感慨——

阅读这些精彩的故事,阅读一个个立体的、多面的、生动的、美丽的女性,让人感慨不已。这些在常人眼里无比耀眼的女性,在取得一定的成绩之后,收敛起锋芒,注重追求内心的充实和平静,她们更加珍惜身边人,更加感恩身边人,也更加懂得关爱自身。

感谢——

最重要的,要对本书形成过程中给予支持的各界人士表示感谢,感谢上海合众文化艺术交流中心李锦女士的睿智策划,感谢卡枚连范玥婷女士团队的大力支持,感谢各位上海名媛舞会的"她领袖"的倾心合作,感谢采写文章的小伙伴们……稿子经过了若干次的反复和磨合,大家都不厌其烦,都是为了此时能给读者最好的美丽绽放……

当然,编辑过程中,因时间有限、篇幅有限、精力有限,可能存在遗漏、不准确等问题,还请海涵!

刘智慧
2019.1.15